Cheikh Amala THIAM

Mémoire de fin d'études - Application Flex - Java/J2EE

Cheikh Amala THIAM

Mémoire de fin d'études - Application Flex - Java/J2EE

Nouvelles Technologies de l'Information et de la Communication

Éditions universitaires européennes

Mentions légales/ Imprint (applicable pour l'Allemagne seulement/ only for Germany)

Information bibliographique publiée par la Deutsche Nationalbibliothek: La Deutsche Nationalbibliothek inscrit cette publication à la Deutsche Nationalbibliografie; des données bibliographiques détaillées sont disponibles sur internet à l'adresse http://dnb.d-nb.de.
 Toutes marques et noms de produits mentionnés dans ce livre demeurent sous la protection des marques, des marques déposées et des brevets, et sont des marques ou des marques déposées de leurs détenteurs respectifs. L'utilisation des marques, noms de produits, noms communs, noms commerciaux, descriptions de produits, etc, même sans qu'ils soient mentionnés de façon particulière dans ce livre ne signifie en aucune façon que ces noms peuvent être utilisés sans restriction à l'égard de la législation pour la protection des marques et des marques déposées et pourraient donc être utilisés par quiconque.

Photo de la couverture: www.ingimage.com

Editeur: Éditions universitaires européennes est une marque déposée de
Südwestdeutscher Verlag für Hochschulschriften GmbH & Co. KG
Dudweiler Landstr. 99, 66123 Sarrebruck, Allemagne
Téléphone +49 681 37 20 271-1, Fax +49 681 37 20 271-0
Email: info@editions-ue.com

Produit en Allemagne:
Schaltungsdienst Lange o.H.G., Berlin
Books on Demand GmbH, Norderstedt
Reha GmbH, Saarbrücken
Amazon Distribution GmbH, Leipzig
ISBN: 978-613-1-53917-6

Imprint (only for USA, GB)

Bibliographic information published by the Deutsche Nationalbibliothek: The Deutsche Nationalbibliothek lists this publication in the Deutsche Nationalbibliografie; detailed bibliographic data are available in the Internet at http://dnb.d-nb.de.
 Any brand names and product names mentioned in this book are subject to trademark, brand or patent protection and are trademarks or registered trademarks of their respective holders. The use of brand names, product names, common names, trade names, product descriptions etc. even without a particular marking in this works is in no way to be construed to mean that such names may be regarded as unrestricted in respect of trademark and brand protection legislation and could thus be used by anyone.

Cover image: www.ingimage.com

Publisher: Éditions universitaires européennes is an imprint of the publishing house
Südwestdeutscher Verlag für Hochschulschriften GmbH & Co. KG
Dudweiler Landstr. 99, 66123 Saarbrücken, Germany
Phone +49 681 37 20 271-1, Fax +49 681 37 20 271-0
Email: info@editions-ue.com

Printed in the U.S.A.
Printed in the U.K. by (see last page)
ISBN: 978-613-1-53917-6

Rapport de Stage
de Fin d'Etudes

- ● **Application argumentaires de vente en Flex**

- ● **Migration Application JEE**

Auteur : Cheikh Amala THIAM
Stage effectué de Avril 2008 à Septembre 2008

Tuteur ALTI : M. Guillaume SPRAUEL
gsprauel@alti.fr

Tuteur Interforum : M. Christophe JAMET
christophe.jamet@interforum.fr

SOMMAIRE

Remerciements

Ma reconnaissance s'adresse à M. Ludovic ALBERT, responsable de domaine chez Interforum. Son accueil, sa confiance ont rendu ce stage intéressant. Je le remercie également pour sa patience, son amabilité et les conseils techniques qu'il m'a apportés.

Je tiens également à remercier M. Christophe JAMET, Ingénieur développeur chez Interforum, mon tuteur de stage chez ce dernier pour ses nombreux conseils et soutien.

Un remerciement à M. François MARLIAC, consultant externe pour sa disponibilité, ses conseils et son aide sur la technologie Adobe Flex.

Ensuite je tiens à remercier toute l'équipe de la direction des systèmes d'information et de l'organisation et plus particulièrement M. Abdallah EL KOUCHI, mon collègue de bureau pour sa gentillesse et pour m'avoir donné une vision plus vaste du système d'informations d'Interforum.

Enfin, tous mes remerciements à M. Guillaume SPRAUEL, mon tuteur de stage ALTI, pour le suivi de mon stage et ses conseils. Et sans oublier Mllee Amandine LECOCQ, responsable des relations écoles pour sa disponibilité et sa réactivité et Mlle Audrey Koubi, responsable RH chez Alti pour sa gentillesse.

I.   Introduction

Du 7 avril 2008 au 26 septembre 2008, j'ai effectué mon stage de fin d'études pour le compte de la société ALTI chez le client Interforum du Groupe Editis. Mon stage s'est effectué dans le service de la direction des systèmes d'information et de l'organisation du client. Ce stage s'inscrit dans la phase finale de mon cursus en Master Informatique, spécialité intégration de systèmes logiciels, à la faculté des sciences de Luminy à l'université de la Méditerranée, Aix-Marseille II à Marseille.

J'ai choisi ce stage pour deux raisons principales

➔ L'environnement technique (Flex, JEE)

➔ Etre en mission chez le client et être confronté à la réalité du métier de consultant auquel je vais faire face prochainement.

Mon travail pendant ces six mois de stage à consister dans un premier temps au développement d'une application en Adobe Flex, fonctionnant de manière connectée et déconnectée et se synchronisant au serveur distant d'Interforum pour récupérer les nouvelles données. J'ai travaillé en collaboration avec mon tuteur de stage Interforum.

Les tâches que j'ai eu a effectué dans cette première phase sont :

➔ Veille technologique pour le choix technique et l'architecture

➔ Rédaction du cahier des charges

➔ Prototypage chaque semaine

➔ Recette

Dans un second temps, j'ai effectué la migration d'une application JEE en interne nommée Argumentaire réalisée avec le framework struts pour la couche de présentation et un framework développé en interne. Cette migration s'est faite en une nouvelle architecture 3-tiers utilisant les frameworks struts et spring.

Les tâches que j'ai eu à effectuer dans cette deuxième phase sont :

➔ Etude de l'existant

➔ Etude du framework interne

➔ Réécriture des fonctionnalités dans la nouvelle architecture.

Ce rapport a pour but de présenter le travail que j'ai effectué durant ces six mois de stage. Dans un premier temps je présenterais l'entreprise ALTI, ensuite je présenterais le client Interforum, les objectifs des missions techniques qui m'étaient confiées ainsi que les environnements techniques auxquels j'ai été confronté et enfin avant de conclure, je parlerais des difficultés rencontrées durant ce stage.

II.   ALTI – Conseil et Ingénierie

2.1 Présentation et historique

Créée en 1995 par André Bensimon et Michel Hamou, Alti est une société de conseil et d'ingénierie en systèmes d'information. Elle est implantée en France, en Belgique, en Suisse, en Algérie et aux Etats-Unis et conseille les grandes entreprises, dans tous les secteurs économiques.

Avec 1200 collaborateurs, Alti offre un ensemble de services dont la finalité est d'optimiser l'organisation et les systèmes d'information de ses clients.

L'histoire d'Alti s'est construite sur des fondamentaux solides et toujours avec les mêmes valeurs. Ci-dessous les grandes étapes d'évolutions de Alti :

2007

Octobre 2007 : Acquisition d'Aralys, spécialiste en systèmes décisionnels

Juillet 2007 : Alti obtient la certification ISO 9001 version 2000

Mai 2007 : Alti annonce la réalisation de son plan de développement avec un an d'avance (le plan initial prévoyait de doubler de taille et atteindre 100 M€ CA entre 2005 et 2008). Acquisition de Cernum, spécialiste SAP CRM, BI en Belgique.

2006

Acquisition de Planaxis, spécialiste de la messagerie financière Swift, et des moyens de paiement

Acquisition d' Itras : conseil dans le secteur de la finance et ingénierie en nouvelles technologies.

2004

Acquisition de Masterline, SSII de 130 personnes spécialisée en Business Intelligence et nouvelles technologies. Doublement de la taille des activités de conseil en SAP (Cybertech Europe, CARTEM Conseil).

2003

Création de SYtest, filiale d'Alti spécialisée dans les métiers opérationnels de la qualité logiciel.

2002

Lancement de l'offre d'infogérance applicative ALTIMA.

2000-2001

Segmentation de l'activité avec la création de 3 pôles : Technologies, Business Solutions, Consulting
Alti Inc. est créée sur la côte est des Etats-Unis.

1999

Novembre 1999, Alti s'introduit au Nouveau Marché de la Bourse de Paris.

1996-1998

L'effectif d'Alti dépasse 100 personnes. Implantation à Bruxelles. Lancement du conseil en finance de marché et solutions intégrées (SAP R/3).

1995

Création d'Alti par André Bensimon et Michel Hamou.

2.2 Activités

L'activité d'Alti est structurée autour de trois pôles : **Consulting, Conseil en ERP et Technologies**.

Alti Consulting représente le pôle conseil et assistance à maîtrise d'ouvrage d'Alti dédié aux banques et assurances. Alti Consulting décline son activité selon 4 lignes métier : la monétique et les moyens de paiement, la banque de détail, la finance de marché et l'assurance.

Le pôle conseil en ERP (*Enterprise Resource Planning*) est constitué d'une équipe de consultants SAP (Systems, Applications, and Products for data processing) qui se caractérise par une forte expérience et une double compétence métier et produits. Il couvre l'ensemble de la gamme des produits SAP avec de fortes expertises sur BW (Business Warehouse), SEM (Strategic Enterprise Management), et CRM (Customer Relationship Management).
L'activité se décline en France, Belgique, Suisse et USA auprès de plus de 200 clients actifs, dans de nombreux secteurs économiques : industrie, luxe, services et tertiaire financier. Alti a mis en place des offres et des pôles de compétences spécifiques aux solutions SEM, BW, Netweaver et CRM.

Le pôle technologie d'Alti prend en charge les projets des clients depuis la définition des besoins et de l'architecture technique jusqu'à la mise en production et la maintenance.
Selon le contexte du projet, les interventions peuvent se faire dans le cadre d'un forfait, d'un centre de services ou bien en assistance technique.
Les technologies utilisées sont principalement du Java/J2EE et Microsoft .Net

2.3 Chiffres clés

Le chiffre d'affaires d'Alti pour l'exercice de 2006-2007, s'élève à 96,3 M€, soit une croissance de 49%.

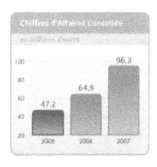

La moitié de l'activité d'Alti est réalisé avec ses 10 premiers clients que sont : BNP Paribas, Société Générale, Gaz de France, AXA, LVMH, PSA Peugeot Citroën, Banque de France, Suez, Sanofi, L'Oréal.

La répartition de l'activité d'Alti par secteur d'activité :

- Banque : 38%

- Assurance : 12%

- Industrie et Distribution : 31%

- Services privés & publics : 10%

- Utilities : 9%

III.   Mission Client : Interforum – Groupe Editis

3.1 Présentation

Interforum, filiale du groupe EDITIS, assure la Diffusion Commerciale et la Distribution Logistique de produits d'édition pour le compte de 140 maisons d'édition partenaires (appartenant où non au Groupe EDITIS). Véritable trait d'union entre les éditeurs et les points de vente, Interforum est un acteur clé de la chaîne du livre. Interforum, qui emploie plus de 1 000 salariés, a réalisé en 2006 un chiffre d'affaires de 710,5 millions d'euros, et distribué plus de 110 millions de livres.

3.2 Activités

Interforum officie directement dans trois métiers : la commercialisation de livres en France et à l'international, la distribution logistique de livres, la gestion et le suivi d'activités transversales de support du Groupe (marketing, informatique, achats, immobilier).

Interforum assure les activités de diffusion et distribution qui sont le cœur de son activité. A la pointe de la technologie, le centre de distribution de Malesherbes (Ile-de-France) est aujourd'hui une référence en Europe. Sur 55 000 m² couverts, il gère l'ensemble des stocks des éditeurs du Groupe Editis et des éditeurs tiers clients, en un seul lieu avec un processus très automatisé, capable de traiter aussi bien les commandes des plus gros clients que l'envoi en VPC (Vente Par Correspondance) de brochures ou livres scolaires.

Le centre de distribution de Malesherbes travaille en étroite collaboration avec les équipes de diffusion et de marketing qui, elles-mêmes, sont en liaison permanente avec les éditeurs d'une part, et les clients libraires d'autre part.

Enfin, outre cette activité de distribution pure, Interforum, en partenariat avec l'imprimeur Maury, propose, depuis plus de 3 ans, Bookpole qui offre aux éditeurs de littérature un service d'impression à la demande adapté à la production d'ouvrages en quantité très limitée.

Interforum assure pour l'ensemble du Groupe Editis des fonctions centrales et transversales : informatique, achats, immobilier. D'autres, liées à la production et adaptées aux besoins des différentes activités éditoriales ont également été mises en place dans le Groupe mais hors Interforum : il s'agit de SEJER pour l'Education et la Référence et de SOGEDIF pour la littérature.

Interforum met également à la disposition de l'ensemble des maisons du groupe une expertise marketing/études dont les services offerts "à la carte" aux éditeurs et aux libraires sont autant d'outils qui permettent d'affiner la connaissance de l'attente des consommateurs et apportent une aide en amont à la compréhension des tendances.

3.3 Direction des systèmes d'information

Mon stage s'est effectué dans la DSI d'Interforum. Cette structure est composé d'une cinquantaine de personnes avec des profils différents : ingénieurs, expert bases de données, experts SAP, réseaux...

J'ai travaillé seul sur mon projet, suivi par mon tuteur de stage de chez Interforum.

J'ai eu a effectué deux principales tâches dont je vais parler en détaille au chapitre suivant.

IV.   Objectifs des missions techniques

J'ai eu à effectuer deux missions qui tournent autour de la même base de données source : La base « Argumentaires ». La première mission consistait à réaliser une application d'argumentaires de vente en Flex alimentée par un fichier XML provenant de la base de données « Argumentaires ». La deuxième mission consistait à migrer l'application « Argumentaires » faite avec Struts et un framework interne en une nouvelle application suivant la nouvelle architecture d'Interforum. Cette nouvelle architecture utilise Struts pour la couche de présentation et Spring pour l'injection de dépendance et pour le déclenchement des classes action. Les détails des missions techniques sont présentés ci-dessous.

4.1 Première mission : Application en Flex

L'objectif de cette première mission est de créer une application utilisant la technologie Flex de Adobe. Cette application doit présenter les argumentaires de vente clients (résumé, visuel d'ouvrage, extraits....) embarquée sous PC portable, pouvant fonctionner de manière déconnectée, et se synchroniser avec un serveur distant dès qu'une connexion Internet est disponible.

Flex est une solution de développement créée par Macromedia en 2004 puis reprise par Adobe en 2006, permettant de créer et de déployer des applications Internet riches (RIA) multi plates-formes. Son modèle de programmation fait appel à deux langages :

• MXML (basé sur XML), qui permet la réalisation d'interfaces utilisateur très interactives. Son approche déclarative permet un très grand contrôle de l'aspect de l'application. Ce langage est comparable à XUL de la Foundation Mozilla ou XAML de la société Microsoft.

• ActionScript 3.0, reposant sur ECMAScript, qui est un langage orienté objet similaire au Java et permettant de créer très rapidement des applications Internet riches.

En avril 2007, Adobe annonçait choisir la licence open source MPL pour sa solution de développement Flex. L'un des grands avantages de Flex est que l'application écrite peut fonctionner sur un navigateur classique comme une application cliente riche de type RIA (Rich Internet Application) ou avec quelques modifications minimes le faire fonctionner comme une application de type RDA (Rich Desktop Application) directement sur le poste de travail.
Les principaux concurrents actuels de Flex sur le marché sont Silverlight de Microsoft et JavaFX de Sun.

4.1.1 Existant

Pour présenter les nouveaux livres qui vont sortir prochainement aux librairies, Interforum mettait à disposition de ses commerciaux et des librairies un fichier PDF présentant ces nouveautés.
Ces derniers pour passer commande, devaient imprimer et indiquer la quantité d'articles qu'ils voulaient commander et envoyer le fichier papier à Interforum.
Par ailleurs, Les commerciaux s'appuyaient sur ce fichier pour montrer les nouveautés aux futurs clients et effectuer leurs ventes.
Ce fichier est généré à partir de la base de données Argumentaire.

4.1.2 Travail effectué

Dans un premier temps, j'ai fait de la veille technologique afin de comparer les différentes bases de données embarquées qui pourraient être utilisées pour l'application. Ainsi j'ai pu tester mySQL embbed et SQLite entre autres. Durant les phases de test, je me suis rendu compte que la recopie de milliers de lignes de données à partir de la base Oracle d'INTERFORUM vers les bases de données embarquées étaient très lents, à savoir une ligne par seconde. Donc pour mon test avec cent mille lignes, il fallait compter plus de 24h pour la recopie. Ce qui n'était pas envisageable dans un processus de synchronisation. Ainsi cette solution de bases de données embarquées a été abandonnée.

Durant les réunions hebdomadaires avec mon tuteur de stage et mon responsable de domaine d'Interforum, on a convenu alors de tester un fichier XML comme source de données. Ce fichier XML sera généré sur le serveur d'INTERFORUM à partir de la base « Argumentaires ». Les tests furent très concluants. Le fichier XML ne dépassera jamais huit méga octets, le chargement en mémoire se fait en une seule fois au démarrage de l'application pour un temps de chargement d'environ 15 à 20 secondes.

Une fois le fichier chargé, les requêtes sur ce dernier étaient quasi instantanées. Cette dernière solution fut alors adoptée et la phase d'étude et de prototypage commença.

Dans un deuxième temps, j'ai commencé par apprendre la technologie Flex. L'ActionScript 3.0 étant très proche du Java et le MXML qui est une dérivée du XML, je me suis rapidement adaptée. Ainsi au bout de deux semaines, j'ai crée mon premier prototype en Flex permettant de charger les données en mémoire et de faire une recherche sur ces derniers et afficher les articles trouvés.

Premier prototype

Ainsi chaque semaine, j'avais une réunion avec mon tuteur de stage et mon responsable, afin de présenter le nouveau prototype et les améliorations pour le prototype de la semaine suivante.
A la suite de chaque réunion, je rédigeais un compte rendu qui m'a servi de fil conducteur durant la phase de développement.

Et enfin en dernier lieu, le développement proprement dit de l'application.
L'application a été divisée en plusieurs rubriques comme indiquée ci-dessous :

Dans la page d' « *accuei l* », nous avons un message de bienvenue pour l'utilisateur ainsi qu'une rubrique présentant les nouveautés. Cette rubrique de nouveauté est alimentée par un fichier XML contenant les EAN13 des livres. Ce fichier XML est différent du fichier de données.

De plus, l'utilisateur peut à tout moment ajouter l'article dans son panier ou bien voir les détails de l'article. Dans les détails de l'article, nous avons les détails techniques de l'article : ean13, isbn, clil, sériel, prix... L'utilisateur a également la possibilité à cet endroit de rajouter l'article au panier si ce n'est pas fait, de générer le fichier PDF de l'article correspondant.

Les nouveautés sur la page d'accueil

Ajouter au panier

Générer le pdf

Détails d'un article

Dans la rubrique « *catalogue* », l'utilisateur a la possibilité de faire une recherche sur les articles selon plusieurs critères. Ainsi il peut rechercher par date de mise en vente, titre, éditeur, auteur, collection et code (ean13 ou isbn).

Dans la rubrique « *Notre Sélection* », on présente à l'utilisateur la sélection faite par INTERFORUM concernant les meilleures ventes et les promotions.

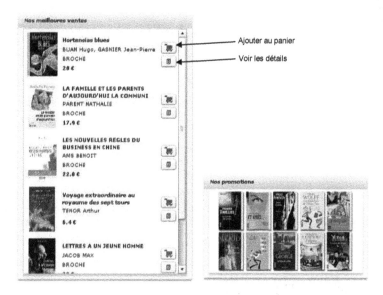

Les meilleures ventes et les promotions

Dans la rubrique « *Synchronisation* », l'utilisateur de l'application a la possibilité de cliquer sur le bouton « Lancer la synchronisation » afin de se connecter en http sur le serveur d'INTERFORUM et de récupérer le nouveau fichier XML des argumentaires de vente.

Quand l'utilisateur visualise un produit, il a la possibilité de le mettre dans le « *panier* ». Par la suite, il peut finaliser sa commande en cliquant sur le bouton « Envoyer la commande ». Ainsi il est automatiquement rediriger sur le site d'INTERFORUM afin de payer et de finaliser sa commande.

Pochette	Code EAN13	Editeur	Titre	Prix en €	Quantité	Effacer
	9782355930256	Le Cherche Midi	Hortensias blues	20	2	
	9782840015536	Maxima Laurent	LES NOUVELLES RÈGLES DU	22.9	1	
	9782266174190	Pocket Jeunesse	Voyage extraordinaire au	6.4	1	

Nombre total d'articles : 4

Montant total TTC : 69.2 €

Vider le panier   Envoyer la commande ▶

Et enfin la rubrique « *Aide* », permettant d'expliquer à l'utilisateur, comment utiliser les différentes ressources de l'application.

Le framework utilisé pour développer cette application s'appelle Cairngorm. C'est un framework écrit en ActionScript 3. Il suit le motif de conception Modèle-Vue-Contrôleur.
Cairngorm facilite la tâche de développement d'une application Flex en offrant un squelette de l'application, une sorte de guide qui permet au développeur de suivre une logique lors de la réalisation de l'application.

L'**architecture** est composée des couches suivantes :

▶ *Business* :

Cette couche va contenir toutes les informations concernant les services et les appels des procédures distantes. Elle est composée de deux types d'informations:

 • Les déléguées:
Cette couche est le magasin de services. Elle va contenir les définitions des méthodes distantes d'accès aux données. Elle consiste en une liste de classes auxquelles nous avons délégué la responsabilité d'encapsuler les appels des services distants.

 • Les services locateurs:
C'est l'annuaire de toutes les sources de données, on les appelle aussi les services distants. Chaque service possède un identifiant, un lien d'accès et d'autres informations qui permettent de le définir. Elles peuvent être un lien vers un fichier XML, un serveur de base de données…

▶ *Command:*

Le pattern commande est l'implémentation des fonctionnalités de l'application, chacune dans une classe. Chaque commande aura une mission (charger une liste d'articles par exemple) bien précise qu'elle doit exécuter et gérer la réception et/ou l'envoi du résultat.

▶ *Control:*

Cette couche est basée sur le pattern FrontController. C'est une composition entre le modèle MVC et celui du Commande. Il permet d'associer un évènement à un type de traitement. Ce qui demande l'encapsulation des traitements dans des classes commandes où chaque commande possède une classe évènement qui servira à son déclenchement. C'est un annuaire dans lequel nous allons lister tous les traitements possibles que l'application peut offrir.

▶ *Event :*

Cette couche est celle qui s'occupe de la gestion d'évènement et du transfert des données entre la couche présentation et commande. Par exemple, si nous voulons ajouter un article au panier, le déclenchement de l'évènement « ajouter article au panier » doit être accompagné par une instance de l'article.

▶ *Model:*

Dans cette couche nous allons centraliser les accès à nos structures de données. C'est un annuaire d'instances de nos classes objets. Cette couche se base sur le pattern Singleton qui nous permet de résoudre le problème « Comment m'assurer que nous avions bien une instance unique de telle objet ».

▶ *View:*

Cette couche est la présentation des données pour l'utilisateur. Elle possède aussi sa logique de fonctionnement, elle s'occupe des contrôles des saisies et le déclenchement des évènements. Elle s'occupe de l'acheminement des informations depuis l'utilisateur et la couche évènement.

▶ *VO:*

Ce pattern « Value Object » appelé aussi « Data Transfert Object » permet de définir la structure de nos objets que nous allons utiliser dans l'application. Il consiste en une classe qui définit un objet. Cette notion est prise de la programmation orientée objet. La structure de données dans ce pattern n'est pas une définition technique mais plutôt sémantique. Nous n'allons pas parler de tableau, chaine de caractères ou entier mais plutôt professeur, classe, exercice, série... Les objets doivent avoir un sens. La nouveauté par rapport à la programmation orientée objet est la centralisation des objets dans une seule couche. Nos objets ne sont plus éparpillés un peu partout dans l'application selon leurs utilisations.

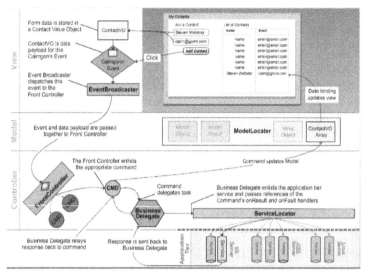

L'architecture de Cairngorm sur un cas simple

4.2 Deuxième mission : Migration de l'application Argumentaire

La deuxième mission qui m'a été confiée a été de faire la migration de l'application JEE Argumentaire.

Je présente ci-dessous ce qu'est un argumentaire ainsi que le fonctionnement de l'application Argumentaire.
Un argumentaire de vente est pour un livre donné, identifié par son code EAN13, des informations générales (éditeur, titre ...), des informations commerciales (accroche, résumé...) ainsi qu'un ensemble de documents attachés.
L'application Argumentaires permet de créer, consulter, modifier, supprimer un ou des argumentaires de ventes. Les argumentaires sont consultable en intranet / extranet et via des applications tierces.

Ces argumentaires apparaissent dans les documents fournis aux commerciaux lors des réunions dites représentants. Les argumentaires alimentent également les sites marchands ou e-librairies. A une certaine date les données de Argumentaires sont donc mises en cohérence avec les autres informations du système d'information INTERFORUM.
Afin de remplir ces objectifs, le portail Argumentaires permet aux éditeurs de saisir en ligne les argumentaires des ouvrages qui vont être mis en vente. Il leur permet également de télécharger ces données mises en forme dans

---

un fichier Word, PDF, XML ou Excel. Pour les éditeurs disposant d'un système d'information de gestion des argumentaires, un import automatisé est mis en place.

Enfin, un état des lieux est mis à disposition des utilisateurs afin d'avoir un aperçu de l'état des argumentaires pour la prochaine réunion des représentants.

Les données consultables via l'application Argumentaires sont toujours celles de l'application Argumentaires, c'est-à-dire celles insérées par les utilisateurs via le portail ou de façon automatique (import).

Les données techniques générales de l'argumentaire sont systématiquement mises à jour à partir d'une base de donnée nommée Article.

L'application Argumentaire est construite avec le framework Struts1.1 pour la couche de présentation et un framework interne nommé Framework.

La nouvelle architecture dans laquelle doit être migrée l'application est composé de trois couches : une couche présentation, une couche service et une couche dao. La couche présentation est gérée par Struts 1.3.8 tandis que le framework Spring se charge de l'injection de dépendance entre les couches, mais aussi du déclenchement des classes actions redirigé depuis le fichier de configuration de Struts.

4.2.1 Existant

- **Présentation générale**

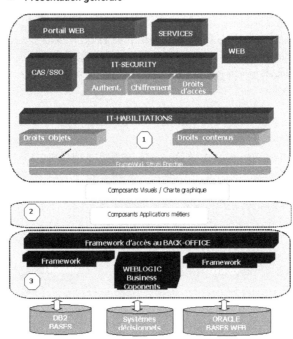

Les normes de développement sont basées sur la technologie J2EE et sur le serveur applicatif Weblogic. Comme nous pouvons le voir dans le schéma précédent, l'architecture logicielle d'INTERFORUM s'articule autour de 3 couches essentielles :

La couche « Front Office » : il s'agit de composants génériques communs à toutes les anciennes applications métiers : ils ont pour but de gérer la sécurité de l'application, la gestion des habilitations, l'interopérabilité (communication inter applications), la logique de navigation.

La couche « applications métiers » : cette couche est propre à l'application métier qui a été développée. Il s'agit des composants métiers de l'application : le cœur de l'application.

La couche « Back office » : il s'agit la aussi de composants communs à toutes les anciennes applications : ils ont pour rôle d'assurer la connectivité avec les autres systèmes : bases de données ou ERP.

► CAS / SSO

Développé par l'Université de Yale, CAS (Central Authentication Service) met en oeuvre un serveur
d'authentification accessible par W3, composé de servlets java, qui fonctionne sur tout moteur de servlets

► IT-SECURITY

Il s'agit de la couche d'authentification qui communique avec l'annuaire LDAP d'INTERFORUM. (Protocole https /
API Novel).

► IT-HABILITATIONS

Il s'agit d'une couche applicative permettant l'administration et le paramétrage de l'ensemble des habilitations
utilisateur pour les applications mises à disposition par INTERFORUM, d'une part, et de mettre à disposition des
objets métiers et des composants techniques permettant d'appliquer ces habilitations aux applications existantes,
d'autre part.

► IT-CONNECTOR

Il s'agit du package charger de se connecter aux systèmes distants : base oracle, base db2, ERP... en utilisant
les connecteurs du serveur applicatif WebLogic.

- ***Le Framework interne d' Interforum***

L'architecture du framework interne d'Interforum est décomposée de la manière suivante :
- Les couches d'accès au système backend ont été isolées dans un package Connector.
- Les objets métier utilisant ces Connectors sont regroupés dans un package Business.
- Ces objets métier sont réutilisés dans différentes applications (web, intranet, batchs, ...) de la couche
  Application

► **La couche CONNECTOR**
Il s'agit du package charger de se connecter aux systèmes distants : base oracle, base db2... en utilisant si
disponible le pool de connexion du serveur applicatif WebLogic si le paramétrage est disponible (check des
variables d'environnements qui sont positionnées), ou en créant son propre pool de connexion. Dans ce dernier
cas, le connector pourra être utilisé dans un contexte batch (sans serveur applicatif).

► **La couche BUSINESS**
L'ensemble des traitements métiers est regroupé dans l'arborescence de ce package avec un découpage par
service/fonctionnalité métier.

► **La couche APPLICATION**
Il s'agit des traitements purement applicatifs. Exemple : un batch lié à l'exécution d'une application.

Deux couches supplémentaires que sont :

▶ **La couche authentification**
La partie métier de l'authentification est gérée par des drivers configurables par site. Ces drivers sont capables de retourner un objet session. On placera notamment dans ce package la couche d'authentification LDAP.

▶ **La couche toolsbox**
Ce projet rassemble un certain nombre de boîte à outils java permettant la simplification d'un certain nombre de traitements comme le calcul de date, le parsing de fichier, l'écriture de batch …

- *L'architecture globale de l'application Argumentaires*

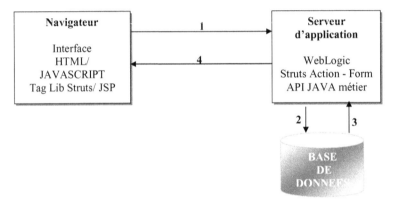

[1] L'utilisateur consulte à l'aide de son navigateur l'application via l'interface constituée de page HTML.

- Les pages HTML présentent les informations.

- Le code Javascript permet un premier contrôle de la saisie.

- Les tags Struts/JSP permettent de récupérer les informations saisies, via requête, sur le serveur d'application.

[2] Le serveur d'application WebLogic réceptionne les requêtes. Elles vont être traitées grâce aux classes Struts Action et Form utilisant l'API métier qui vont interagir avec la base de données.

[3] Cette base contient les tables décrites dans le MCD.
Les informations sont récupérées et/ou transformées.

[4] Le serveur renvoie la réponse et l'utilisateur peut consulter le résultat de sa requête.

4.2.2 Travail effectué

La première étape de cette deuxième mission a était de comprendre l'application existante et le fonctionnement du framework interne d'Interforum.

Ensuite il fallait étudier la nouvelle architecture dans laquelle je devais migrer l'application Argumentaires précédente.

La nouvelle architecture est la suivante :

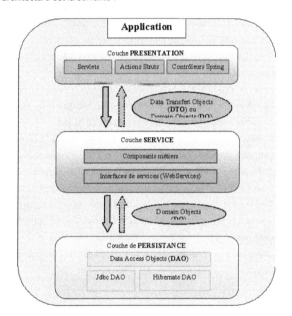

L'application est composée de 3 couches :

- **La couche « Présentation »**

Cette couche est la couche la plus haute, c'est à partir de cette couche que le traitement des requêtes est initié. Cette couche peut être composée de servlets, d'actions Struts ou de contrôleurs Spring, qui reçoivent directement les requêtes HTTP.

La couche « Présentation » récupère les données nécessaires à l'affichage par l'intermédiaire de la couche « Service ». La couche « Service » renvoie des DO (Domain Objects) ou des DTO (Data Transfert Objects) qui sont utilisables directement par la couche « Présentation ».

- **La couche « Service »**

Cette couche expose tous les services métier disponibles pour la couche « Présentation ».

La couche « Service » contient le workflow des actions métier à réaliser.

Elle récupère les données du modèle en appelant la couche « Persistence », qui lui renvoie des DO (Domain Objects).

- **La couche « Persistance » ou DAO**

C'est la couche d'accès aux données persistantes, composée de DAO (Data Access Objects).

Elle est utilisée par la couche « Service » et lui renvoie des DO (Domain Objects).

Cette couche accède aux données persistantes (base de données...), ceci peut se faire en utilisant par exemple un ORM (Object Relational Mapping) comme Hibernate, ou bien en utilisant du SQL pur par Jdbc.

Dans le cas de l'application Argumentaires, nous utilisons du SQL pur par Jdbc.

Une fois l'étude de la nouvelle architecture terminée, j'ai identifié toutes les fonctionnalités existantes via un dossier de bilan de l'application Argumentaires. Il existe 178 fonctionnalités à ce jour.

Dans la version actuelle de l'application Argumentaires, chaque classe de l'API métier correspond à une table de la base de données Argumentaires. Ainsi, dans ces classes, sont écrites la façon de se connecter à la base ainsi que la logique métier pour le traitement des données récupérées de la base après requête.

La démarche de migration que je vais présenter ici vise à séparer ces deux actions dans deux couches différentes : une couche DAO (Data Access Object) qui ne fera que faire des requêtes sur la base de données argumentaires et récupérer les données et une couche service qui fera le traitement métier. Tout ceci orchestré par le framework Spring qui se chargera de la communication entre les couches.

Pour une plus grande compréhension voici un schéma présentant la façon de procéder pour passer de l'ancienne architecture à la nouvelle architecture:

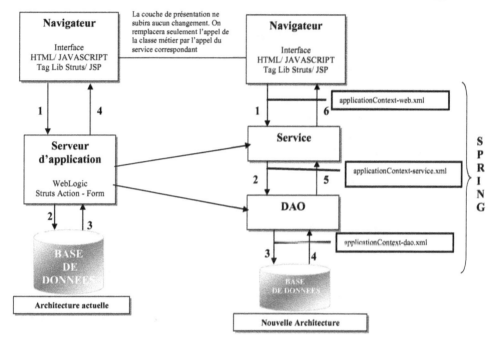

Architecture actuelle

Nouvelle Architecture

applicationContext-dao.xml : C'est dans ce fichier, exploité par le Framework Spring, que l'on déclare la manière de récupérer la source de données. C'est également dans ce fichier que sont déclarés tous les dao de l'application ainsi que la manière d'injecter les dépendances entre dao.

applicationContext-service.xml : C'est dans ce fichier également exploité par Spring , que sont déclarés tous les services et la manière dont ces services accèdent aux dao.

applicationContext-web.xml : C'est dans ce fichier que je déclare tous les beans des classes actions ainsi que la façon d'accéder au service à utiliser quand l'action est déclenchée.

Ci-dessous je présente la manière de procéder pour migrer une fonctionnalité.

C'est la fonctionnalité de recherche d'un argumentaire.

Dans l'application existante nous avons :

```
package com.it.application.argumentaires.metier.db;

public class ViewRechercheArgumentaire extends Table implements ISearch
{
    private static ViewRechercheArgumentaire singleton = null;

    private ViewRechercheArgumentaire()
    {
        super();
    }
/**
    * Renvoie tout le contenu de la vue V_RECHERCHE_ARGUMENTAIRE dans un vecteur
    * d'objets de type ArgumentaireListElement
    *
    * @return Vector : un vecteur de ArgumentaireListElement
    * @throws NestedException : Erreur sur l'application Argumentaire
    * @param criteria CritereArgu critere de recherche des argumentaires
    * @param dsConn GlobalConnection
    */
public Vector search(Criteria criteria, GlobalConnection connection) throws NestedException
....
```

« Table » est une classe générique, permettant de créer des connexions aux bases de données, de préparer des requêtes et de traiter les résultats des requêtes.

« ISearch » est une interface appartenant au framework interne d'INTERFORUM. Il définit la méthode de recherche standard pour l'application Argumentaires.

Seuls les éléments essentiels à la compréhension du fonctionnement général de cette classe de recherche ont été mis.

Ainsi on peut constater que dans cette classe, la méthode « search » est la plus importante. C'est elle qui permet de récupérer les données recherchées dans un vecteur.

A partir de cette classe, j'ai créé une interface nommée « RechercheArgumentaireDAO » dans ma nouvelle architecture et avec comme seul méthode la méthode « search ». C'est cette dernière qui renvoie une liste des argumentaires trouvés. Toute la connexion à la base est gérée par le fichier applicationContext-dao.xml, la gestion de la sécurité, des habilitations sont gérés dans le fichier web.xml pour un projet web.

Ainsi on obtient :

L'interface :

```
package com.it.application.argumentairesV2.dao;

...

public interface RechercheArgumentaireDAO
{
    public List search(CritereArgu critere);

}
```

Un extrait de l'implémentation donne :

```
package com.it.application.argumentairesV2.dao.jdbc;

public class JdbcRechercheArgumentaireDAO extends NamedParameterJdbcDaoSupport
                                          implements RechercheArgumentaireDAO
{
    public List search(CritereArgu critere)
    {
        final String sql = buildQuery(critere);

        final SqlParameterSource namedParameters = new
                                BeanPropertySqlParameterSource(critere);

        System.out.println("Requete de recherche: " + sql);
        return this.getNamedParameterJdbcTemplate().query(sql, namedParameters, new
                                RechercheArgumentaireMapper());
    }

    private static final class RechercheArgumentaireMapper implements RowMapper
    {
        public Object mapRow(ResultSet rs, int rowNum)
        throws SQLException
        {
            Argumentaire argumentaire = new Argumentaire() ;
            argumentaire.setCode(new Integer(rs.getInt("ARG_COD_CODE")));
            ...;
            return argumentaire;
        }
    }
}
```

La méthode « *buidlQuery* » est un utilitaire récupéré dans l'application existante, et comme son nom l'indique,
elle crée une requête à partir d'un bean donnée, ici CritereArgu est le bean utilisé pour les critères de recherches
d'argumentaires.

De plus, on étend la classe « *NamedParameterJdbcDaoSupport* » du framework spring, ce qui permet de lier
les paramètres dans la requête sql directement avec des propriétés du bean.

Nous utilisons également « *RowMapper* » qui permet de mapper chaque enregistrement retourné par la requête
à un objet métier.

Le mapping spring dans le fichier applicationContext-dao.xml :

```
<!-- Permet de charger par JNDI la datasource définie dans le fichier de
properties par la clé " ARGU_DATA_SOURCE" -->
<!-- La datasource sera chargée au démarrage du serveur d'application et sera
mise en cache -->

  <jee:jndi-lookup id="dataSource"
                   jndi-name="${ARGU_DATA_SOURCE}"
                   cache="true"
                   lookup-on-startup="true" />

  <!-- Creation d'une configuration générique pour injecter la datasource dans
les dao -->
  <!-- Tous les beans dao devront étendre ce bean, ainsi il ne sera pas
nécessaire de re-déclarer la propriété "datasource" -->

     <bean id="abstractDao" abstract="true">
         <property name="dataSource" ref="dataSource"/>
     </bean>


  <bean id="rechercheArgumentaireDAO" parent="abstractDao"
class="com.it.application.argumentairesV2.dao.jdbc.JdbcRechercheArgumentaireDAO"
/>
```

Avec ce fichier destiné à Spring, on charge la source de données au démarrage de l'application. De plus, la source de données est mise en cache. Ainsi, toutes les implémentations des DAO seront déclarées dans ce fichier avec l'élément bean et un identifiant pour les retrouver.

La deuxième étape a été de définir les interfaces services qui feront appel aux DAO. Dans chaque implémentation des interfaces services se trouvent toute la logique métier de chaque interface. Pour permettre le dialogue entre la couche service et la couche DAO, autrement dit l'injection de dépendance, c'est le fichier de configuration applicationContext-service.xml qui est utilisé.

Voici un extrait de ce fichier :

```
<?xml version="1.0" encoding="UTF-8"?>
<beans xmlns="http://www.springframework.org/schema/beans"
       xmlns:xsi="http://www.w3.org/2001/XMLSchema-instance"
       xsi:schemaLocation="http://www.springframework.org/schema/beans
http://www.springframework.org/schema/beans/spring-beans-2.0.xsd"
       default-init-method="init">

<!-- Ce fichier contient la déclaration de tous les services de l'application -->
  <!-- Tous les ref définis dans les bean doivent être aussi définis dans un
fichier de configuration de spring -->

     <bean id="rechercheArgumentaireService"
         class="com.it.application.argumentairesV2.service.impl.
                                        RechercheArgumentaireServiceImpl">
         <property name="argumentaireDAO" ref="rechercheArgumentaireDAO" />
     </bean>
</beans>
```

Dans cet exemple, on voit bien que l'implémentation du service « RechercheArgumentaireService » fait référence au bean DAO rechercheArgumentaireDAO du fichier « applicationContext-dao.xml » via sa propriété argumentaireDAO. Ainsi l'injection de dépendance est réalisée entre RechercheArgumentaireService et RechercheArgumentaireDAO.

Ainsi, je procède de la même façon pour tous les autres services pour faire l'injection de dépendance entre les services et les dao.

Enfin je récupère la couche de présentation existant dans l'ancienne architecture. Pour que cette dernière puisse fonctionner avec la nouvelle architecture, je procède à l'injection de dépendance entre la couche service et la couche de présentation. Ainsi par exemple au niveau de la couche présentation, l'action struts de recherche aura une référence à la couche service de recherche d'argumentaires. Cette injection de dépendance est faite dans le fichier de configuration « applicationContext-web.xml»

Un extrait de du fichier spring :

```xml
<?xml version="1.0" encoding="UTF-8"?>
<beans …

    <bean name="/consultArguSearch"
class="com.it.application.argumentairesV2.cinematique.RechercheArgumentaireAction">
<!-- Ici nous injectons le bean "rechercheArgumentaireService" dans la propriété
"rechercheArgumentaireService" de la classe " RechercheArgumentaireAction" -->
        <property name="rechercheArgumentaireService"
                                ref="rechercheArgumentaireService" />
    </bean>

</beans>
```

La migration d'une classe métier est dite réalisée si la classe action fait appel au service dans la nouvelle architecture. Ce service correspond en effet à la classe métier de l'application Argumentaires actuelle. Autrement dit, si dans une classe action on remplace l'appel de l'ancienne méthode par l'appel de la méthode de service correspondante et que le résultat de l'appel reste identique alors la migration de la classe métier a réussi.

De plus, à un instant donné, les deux architectures ont coexisté notamment à cause des classes métier qui ne n'étaient pas encore migrées. Mais ceci était totalement transparent pour tester et utiliser application sur le serveur d'application WebLogic.

V. Environnement technique

5.1 Première mission : Flex

Dans la première mission, j'ai principalement utilisé Eclipse Europa avec le plugin FlexBuilder 3 pour développer en Flex. Le SDK Flex est Open Source et gratuit.

5.2 Deuxième mission : Application JEE

Chez le client Interforum, tous les développements web se font principalement avec JBuilder 2007. C'est ce dernier que j'ai utilisé pour faire la migration. J'ai également utilisé CVS pour récupérer les sources de l'ancienne architecture de l'application à migrer, et également les sources du framework interne ainsi que d'autres applications dépendantes du projet argumentaires.

Le serveur d'application Weblogic 8 a été utilisé pour déployer les applications, ANT pour l'automatisation de certaines tâches qui peuvent être répétitives comme créer les WAR à chaque déploiement du projet ainsi que DbVisualiser pour visualiser la base de données Argumentaires.

VI. Difficultés rencontrées

6.1 Application Flex

La principale difficulté était de choisir la source de données pour alimenter l'application Flex.

Ce manque de visibilité a engendré des tests et tâtonnement dans plusieurs directions.

De plus, la base de données, s'il fallait l'utiliser pour l'application Flex, devait être open source et gratuit. Or dans le marché, les meilleures outils étaient payants. De plus, la documentation pour certaines bases de données open source et gratuit était insuffisante, voire inexistante. Ce qui rendait le travail plus contraignant.

6.2 Migration Application Argumentaires

Cette deuxième mission a été plus complexe que la première. Il existe bien une documentation des fonctionnalités de l'application argumentaires, mais il n'existe pas de diagrammes de classes de cette application. Ainsi la lecture du code a été très fastidieuse.

Par ailleurs, un couplage très fort existe entre les différentes classes de l'application Argumentaires dans sa version non migrée ainsi que des appels fréquents au Framework interne et à divers utilitaires pour faire certains traitements. Ceci a rendu le travail de migration plus délicat, car il ne fallait rien oublier.

VII. Conclusion

Au-delà de l'enrichissement des connaissances techniques, ce stage a été l'opportunité pour moi d'appréhender les contraintes en milieu professionnel (temporelles, fonctionnelles, financières) et de me familiariser aux notions de culture d'entreprise, de hiérarchie et d'esprit d'équipe.

J'ai pu découvrir en quoi consistait réellement le métier de consultant, ses relations avec les autres métiers du même département mais aussi de départements différents. J'ai aussi découvert le métier de chef de projet et maître d'oeuvre qui sont normalement des futures étapes de mon parcours professionnel.

Pour finir, je tiens à remercier toutes les personnes qui m'ont accueilli et suivi tout au long de ce stage pour leurs qualités professionnelles et humaines.

VIII. Abréviations et références

- **Termes métiers**
  VPC : Vente Par correspondance
  EAN13 : European Article Numbering à 13 chiffres
  ISBN : International Standard Book Number
  CLIL: Commision de Liaison Interprofessionnelle du Livre

- **Termes techniques**
  MXML : Macromedia Flex Markup Language
  RIA : Rich Internet Application
  RDA : Rich Desktop Application
  MVC : Modèle-Vue-Controleur
  VO : Value Object
  CAS / SSO : Central Authentification Service / Sigle Sign On
  MCD : Modèle Conceptuel de Données
  ERP: Enterprise Resource Planning
  DAO: Data Access Object
  DO: Domain Object
  DTO: Domain Transfer Object
  ORM: Object Relationnel Mapping
  JDBC: Java DataBase Connectivity
  SDK : Software Developpement Kit
  ANT : Another Neat Tool (un autre outil chouette)
  WAR : Web ARchive

- *Livres*
  The Essential Guide to Flex 2 with ActionScript 3.0 – friends of ED ADOBE

- *Références*
  - http://www.alti.fr
  - http://www.interforum.fr/recrutement/FR/pages/presentation.htm
  - http://www.wikipedia.fr
  - http://tahe.developpez.com

DOCUMENTS

TECHNIQUES

Application argumentaires de vente en Flex

Préparé par Cheikh Amala THIAM

Version :	1.0
Type :	Livrable
Statut :	A valider

Document

Titre	Application argumentaires de vente en Flex
Sous Titre	
Auteur(s)	Cheikh Amala THIAM
Mots clés	
Propriétaire	Interforum
Type de document	
Date de création	27/06/2008
Version	1.0
Confidentialité	
Liste de distribution	

Historique

Version	Date	Commentaire
1.0	27 juin 2008	Création du document

Approbation

Nom	Date	Paraphe
Ludovic ALBERT		

**Document Technique
Application argumentaires
de vente en Flex**

<u>SOMMAIRE</u>

1. INTRODUCTION

Ce chapitre est consacré aux éléments nécessaires à la compréhension de ce document et à son mode de gestion.

1.1. A propos du présent document

But

Ce dossier présente, les éléments techniques de l'application argumentaires de vente en Flex

Contenu

Cette spécification présente les éléments suivants :

- Rappel de Flex
- Introduction à Cairngorm
- L'architecture de l'application suivant le modèle MVC de Cairngorm
- Exemple de réalisation d'un module

Périmètre du projet concerné

Ce dossier représente les techniques utilisées pour l'application argumentaires de vente en Flex. Pour une meilleure compréhension, le lecteur doit avoir quelques notions en Flex.

Responsabilités associées

Les responsabilités associées à ce MAP sont les suivantes :

Activité	Responsable	Commentaire
Rédaction	Cheikh Amala THIAM	
Validation	EDITIS /Interforum	

Destinataires

Les destinataires de ce document sont :

- Equipe Nouvelles Technologies

Procédure d'évolution

Ce Dossier sera actualisé et rediffusé à chaque amélioration de l'application.

2. RAPPEL DE FLEX

Flex est une solution de développement créée par Macromedia en 2004 puis reprise par Adobe en 2006, permettant de créer et de déployer des applications Internet riches (RIA) multi plates-formes. Son modèle de programmation fait appel à deux langages :

• MXML (basé sur XML), qui permet la réalisation d'interfaces utilisateur très interactives. Son approche déclarative permet un très grand contrôle de l'aspect de l'application. Ce langage est comparable à XUL de la Foundation Mozilla ou XAML de la société Microsoft.

• ActionScript 3.0, reposant sur ECMAScript, qui est un langage orienté objet similaire au Java et permettant de créer très rapidement des applications Internet riches.

Pour de plus amples informations :
- The Essential Guide to Flex 2 with ActionScript 3.0 – friends of ED ADOBE
- http://www.adobe.com/devnet/flex/

Un bon tutorial vidéo pour avoir rapidement un aperçu:
- http://www.journaldunet.com/developpeur/tutoriel/fla/070626-video-intro-flex/1.shtml

3. INTRODUCTION A CAIRNGORM

Cairngorm est un framework écrit en ActionScript 3.0. Il suit le motif de conception Modèle-Vue-Contrôleur.

Cairngorm facilite la tâche de développement d'une application Flex en offrant un squelette de l'application, une sorte de guide qui permet au développeur de suivre une logique lors de la réalisation de l'application.

L'**architecture** est composée des couches suivantes :

▶ *Business :*

Cette couche va contenir toutes les informations concernant les services et les appels des procédures distantes. Elle est composée de deux types d'informations:

• Les déléguées:

Cette couche est le magasin de services. Elle va contenir les définitions des méthodes distantes d'accès aux données. Elle consiste en une liste de classes auxquelles nous avons délégué la responsabilité d'encapsuler les appels des services distants.

• Les services locateurs:

C'est l'annuaire de toutes les sources de données, on les appelle aussi les services distants. Chaque service possède un identifiant, un lien d'accès et d'autres informations qui permettent de le définir. Elles peuvent être un lien vers un fichier XML, un serveur de base de données...

▶ *Command:*

Le pattern commande est l'implémentation des fonctionnalités de l'application, chacune dans une classe. Chaque commande aura une mission (charger une liste d'articles par exemple) bien précise qu'elle doit exécuter et gérer la réception et/ou l'envoi du résultat.

▶ *Control:*

Cette couche est basée sur le pattern FrontController. C'est une composition entre le modèle MVC et celui du Commande. Il permet d'associer un évènement à un type de traitement. Ce qui demande l'encapsulation des traitements dans des classes commandes où chaque commande possède une classe évènement qui servira à son déclenchement. C'est un annuaire dans lequel nous allons lister tous les traitements possibles que l'application peut offrir.

► *Event* :

Cette couche est celle qui s'occupe de la gestion d'évènement et du transfert des données entre la couche présentation et commande. Par exemple, si nous voulons ajouter un article au panier, le déclenchement de l'évènement « ajouter article au panier » doit être accompagné par une instance de l'article.

► *Model:*

Dans cette couche nous allons centraliser les accès à nos structures de données. C'est un annuaire d'instances de nos classes objets. Cette couche se base sur le pattern Singleton qui nous permet de résoudre le problème « Comment m'assurer que nous avions bien une instance unique de telle objet ».

► *View:*

Cette couche est la présentation des données pour l'utilisateur. Elle possède aussi sa logique de fonctionnement, elle s'occupe des contrôles des saisies et le déclenchement des évènements. Elle s'occupe de l'acheminement des informations depuis l'utilisateur et la couche évènement.

► *VO:*

Ce pattern « Value Object » appelé aussi « Data Transfert Object » permet de définir la structure de nos objets que nous allons utiliser dans l'application. Il consiste en une classe qui définit un objet. Cette notion est prise de la programmation orientée objet. La structure de données dans ce pattern n'est pas une définition technique mais plutôt sémantique. Nous n'allons pas parler de tableau, chaîne de caractères ou entier mais plutôt professeur, classe, exercice, série… Les objets doivent avoir un sens. La nouveauté par rapport à la programmation orientée objet est la centralisation des objets dans une seule couche. Nos objets ne sont plus éparpillés un peu partout dans l'application selon leurs utilisations.

Ci-dessous, l'utilisation de Cairngorm sur un exemple simple

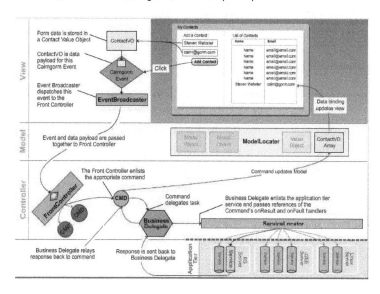

4. L'APPLICATION FLEX

4.1 Installation du Plugin Flex Builder dans Eclipse

Pour développer en Flex, on peut directement utiliser Flex Builder qui est un produit adobe en version d'évaluation ou bien utilisé le plugin pour Eclipse fournit sur le site de Adobe.

Etant un grand utilisateur de Eclipse, j'ai opté pour un développement dans Eclipse avec le plugin Flex builder et le SDK mis à disposition.

Pour de plus amples renseignements : http://www.adobe.com

Une fois le plugin téléchargé qui est un fichier .exe, il faudra le lancer comme pour installer un programme classique. A un moment donné, l'installation vous demandera de spécifier le répertoire de Eclipse. Une fois que c'est fait, vous cliquer sur suivant... terminer et vous venez d'installer le plugin de Flex dans Eclipse.

Dans Eclipse vous devez avoir la vue ci-dessous :

Pour démarrer un projet en Flex ou AIR (destiné à une application qui va tourner sur le poste de travail), vous faites tout simplement Fichier -> Nouveau -> Projet Flex

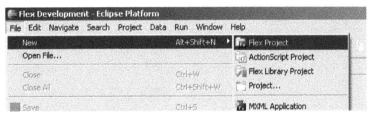

Pour lancer une application Flex ou Air, vous pouvez faire un clic droit sur le nom de l'application -> run as : Flex Application ou Adobe Air Application selon le projet que vous aurez créer auparavant.

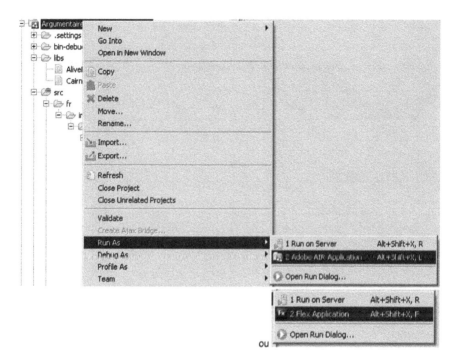

4.2 Utilisation de Cairngorm

Pour télécharger Cairngorm, rendez-vous sur la page suivante :

http://cairngormdocs.org/

Vous pourrez y télécharger la dernière version de Cairngorm qui a une extension .swc. L'extension swc est l'équivalent du jar en java.

Une fois le framework téléchargé, vous devez l'ajouter dans votre projet Flex. Personnellement je le mets dans un dossier nommé libs.

4.3 Architecture technique détaillée de l'application

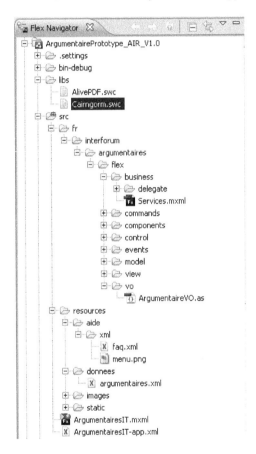

On peut voir ici un aperçu des différents packages, sans les détails internes.

Ainsi pour une application Flex construite avec Cairngorm, nous avons les différents packages cités plus haut dans la présentation de Cairngorm. Tous ces dossiers sont à créer à la main.

Ci-dessous, cette même architecture avec tous les composants et classes

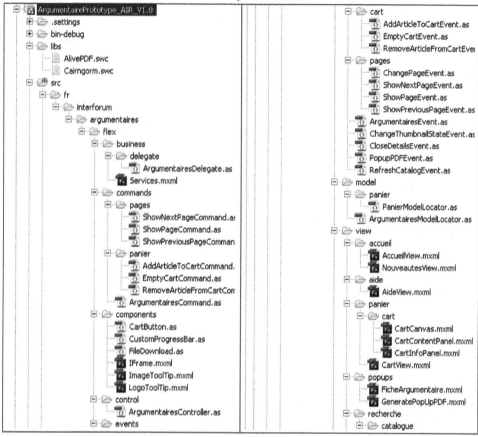

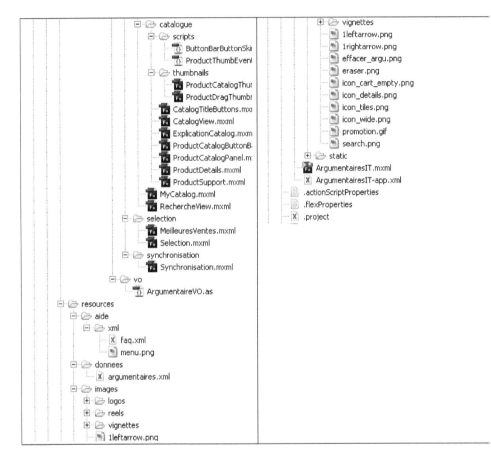

Rappel :

Un fichier avec le symbole 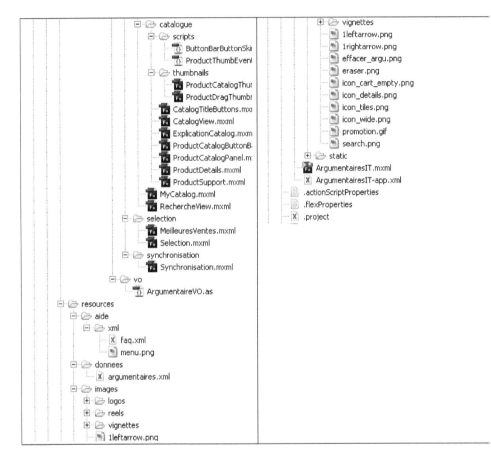 indique qu'il s'agit d'un composant. Un composant est en général un élément visuel. Par exemple Synchonisation.mxml donne

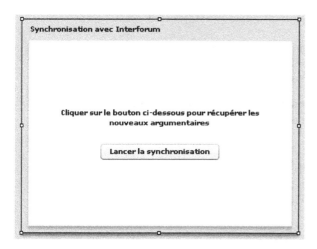

Le symbole ⬚ indique qu'il s'agit d'un script ou d'un classe ActionScript 3.0

Un script est utilisé à l'intérieur d'un composant pour faire un traitement spécifique alors qu'une classe non seulement peut faire la même chose, mais également jouer le rôle d'un composant. En effet avec une classe, on peut redessiner le composant ci-dessus. Mais cette approche est beaucoup plus délicate.

Toutefois, dans notre application, nous écrivons directement les scripts à l'intérieur des composants. Ceci est dû au fait que le code des scripts n'est en général pas très long. Si tel est le cas, l'utilisation d'un fichier externe est souhaitable et sera importé à l'intérieur du composant.

Document Technique
Application argumentaires
de vente en Flex

4.4 Exemple de création d'un module : Recherche argumentaires

4.4.1 Création de la vue : RechercheView.mxml

La vue pour la recherche se nomme RechercheView.mxml. Il se trouve dans

`fr.interforum.argumentaires.flex.view.recherche`

L'apercu donne :

Rechercher des articles

Date de mise en vente

Titre

Editeur   **TOUS**   ▼

Auteur

Collection

Code

✎ **Réinitialiser**   🔍 **Rechercher**

Un extrait du code mxml correspondant :

```
<mx:Panel id="thePanel" width="100%" height="100%" layout="absolute"
verticalCenter="0" horizontalCenter="1"  resizeEffect="Resize"
                        horizontalScrollPolicy="off"
verticalScrollPolicy="off" title="Rechercher des articles"
                        backgroundColor="#c9cdce">

<mx:VBox horizontalAlign="right"
     verticalAlign="middle"backgroundColor="#c9cdce"
     width="248" paddingLeft="2" paddingRight="2" height="305"
     horizontalScrollPolicy="off" verticalScrollPolicy="off">

     <mx:VBox horizontalAlign="center" width="180">
     <mx:Label text="Date de mise en vente"/>

            ........ ..
     </mx:Label>
     ... .
</mx:VBox>
<mx:Button id="searchButton" click="loadSearch(event)"
```

CREE LE : 27/06/2008	MODIFIE LE : **10/09/08 16:09**	FICHIER : IF-080901-Application Flex.doc	PAGE 15
	IMPRIME LE : **11/09/08 15:09**	AUTEUR : Cheikh Amala THIAM	

```
icon="@Embed('resources/images/search.png')"
        toolTip="Rechercher"
        label="Rechercher"
        useHandCursor="true"
        buttonMode="true"/>
</mx:Panel>
```

Dans ce code nous voyons les composants qui composent cette vue. Ces composants commencent tous par <mx :Xxx> et se termine par </mx :Xxx>. Ces sont les composants standards de Flex. Bien entendu, on peut créer nos propres composants en partant de ces composants standards ou pas.

Pour en savoir plus sur les composants Flex et la programmation d'interfaces Flex:

http://livedocs.adobe.com/flex/3/html/index.html?content=Part1_Using_FB_1.html

4.4.2 Le VO (Value Object) Argumentaires

```
package fr.interforum.argumentaires.flex.vo
{
        import com.adobe.cairngorm.vo.IValueObject;

        [Bindable]
        public class ArgumentaireVO implements IValueObject
        {
                public var titreArticle:String;
                public var ean13:String;
                public var codeInterforum:String;
                public var isbn:String;
                public var seriel:String;

                .....
                public var ean13Ancien:String;
                public var codeInterforumAncien:String;
                public var titreAncien:String;

        }
}
```

Le VO peut être apparenté au bean en java. [Bindable] est une marque qui permet à Flex de réassigner la valeur à une variable ou autre si la valeur entrée a changé, en dispatchant un événement afin de signaler le changement.

4.4.3 Le ModelLocator : ArgumentairesModelLocator

```
package fr.interforum.argumentaires.flex.model
{
    import com.adobe.cairngorm.control.CairngormEventDispatcher;
    import com.adobe.cairngorm.model.IModelLocator;
    import fr.interforum.argumentaires.flex.vo.ArgumentaireVO;
    import mx.collections.ArrayCollection;


    [Bindable]
    public class ArgumentairesModelLocator implements IModelLocator
    {
        // Le modèle est un singleton
        private static var instance:ArgumentairesModelLocator;
        public static function getInstance():ArgumentairesModelLocator
        {
            if (instance == null)
            {
                instance = new ArgumentairesModelLocator();
            }
            return instance;
        }

        public function ArgumentairesModelLocator()
        {
            if (instance != null)
            {
                throw new Error("Seule une instance du model est
                                        autorisée!!!");
            }

        }

    }

private var argumentairesTableau:ArrayCollection = new ArrayCollection();

private var argumentairesXML:XML;
```

Le modèle est un singleton. C'est ici que sont centralisés les accès aux structures de données. En l'occurrence ici le tableau et l'arbre xml des argumentaires.

4.4.4 L'événement : ArgumentairesEvent

```
package fr.interforum.argumentaires.flex.events
{
    import com.adobe.cairngorm.control.CairngormEvent;
    import flash.events.Event;

    public class ArgumentairesEvent extends CairngormEvent
    {
        public static const GET_ARGUMENTAIRES:String = "getArgumentaires";

            public function ArgumentairesEvent(type:String,
                        bubbles:Boolean=false, cancelable:Boolean=false)
            {
                super(GET_ARGUMENTAIRES);
            }

            override public function clone():Event
            {
                return new ArgumentairesEvent(GET_ARGUMENTAIRES);
            }
        }
    }
}
```

Dans une application Flex développer avec l'aide de Cairngorm, tous les évenements étendent
`CairngormEvent`. Ici, à chaque recherche d'argumentaires, l'événement `ArgumentairesEvent`
est déclenché.

4.4.5 Le FrontController : ArgumentairesController

```
package fr.interforum.argumentaires.flex.control
{
    import com.adobe.cairngorm.control.FrontController;

    public class ArgumentairesController extends FrontController
    {
        public static var EVENT_GET_ARGUMENTAIRES:String = "";

        public function ArgumentairesController()
        {
            initCommands();
        }

        public function initCommands():void
        {
            addCommand('getArgumentaires', ArgumentairesCommand);

            addCommand('ShowPage', ShowPageCommand);
            ...
        }
    }
}
```

C'est ici qu'est faite la liaison entre un événement et la commande qui lui est rattaché. Cette commande sera appelée quand l'événement est déclenché.

4.4.6 La commande : ArgumentairesCommand

```
package fr.interforum.argumentaires.flex.commands
{
      import com.adobe.cairngorm.commands.ICommand;
      import com.adobe.cairngorm.control.CairngormEvent;

      import fr.interforum.argumentaires.flex.business.delegate.
                                            ArgumentairesDelegate;

      import mx.rpc.IResponder;

      public class ArgumentairesCommand implements ICommand, IResponder
      {
            public function execute(event:CairngormEvent):void
            {
                  var serviceDelegate:ArgumentairesDelegate = new
                                            ArgumentairesDelegate(this);

                  serviceDelegate.getArgumentaires();
            }
      }
}
```

Une commande implémente systématiquement `ICommand` et `IResponder`

La méthode exécute est automatiquement appelée à l'appel de la commande.

Cette commande délègue sa tâche à un délégué qui se chargera d'exécuter la tâche.

4.4.7 Le délégué : ArgumentairesDelegate

```
package fr.interforum.argumentaires.flex.business.delegate
{
      import com.adobe.cairngorm.business.ServiceLocator;

      public class ArgumentairesDelegate
      {
            private var service:Object;
            private var responder:IResponder;

            //Activer le service
            public function ArgumentairesDelegate(responder:IResponder)
            {
                this.service = ServiceLocator.getInstance()
                               .getHTTPService("argumentairesServices");

                this.responder = responder;
            }
```

```
            //Intérroger le service
            public function getArgumentaires():void
            {
                var token:AsyncToken = service.send();
                responder = new Responder(onResult, onFault);
                token.addResponder(responder);
            }
//En cas de succès
private function onResult(e:ResultEvent):void
{
                var argumentairesXML:XML =
                            e.result.argumentaires.argumentaire.list;
                var tempArray:Array = new Array();

   for (var i:Number=0; i<argumentairesXML.source.item.length(); i++)
   {
        var tempArgumentaire:ArgumentaireVO = new ArgumentaireVO();

     tempArgumentaire.accroche = argumentairesXML.source.item[i].accroche;
     tempArgumentaire.arguments = argumentairesXML.source.item[i].arguments;
        ....
     tempArray.push(tempArgumentaire);
   }
   ArgumentairesModelLocator.getInstance().argumentairesTableau =
                                new ArrayCollection(tempArray);

   ArgumentairesModelLocator.getInstance().argumentairesXML =
                                            argumentairesXML;

}
//En cas d'erreur
private function onFault(e:FaultEvent):void
{
   Alert.show("Impossible de charger les données.\n Contacter
                                Interforum","Erreur");
}
```

ArgumentairesDelegate fait appel au service locator grâce à la méthode send de ce dernier. En cas de succès, l'événement ResultEvent est déclenchée par le service, la méthode onResult est appelée et les résultats pourront être mis dans le modèle grâce à

```
ArgumentairesModelLocator.getInstance().argumentairesTableau =
                        new ArrayCollection(tempArray);
```

En cas d'echec, par exemple impossibilité de lire le fichier, l'événement FaultEvent est envoyé et la méthode onFault est appelée.

4.4.8 Le Service Locator : Services.mxml

```xml
<?xml version="1.0" encoding="utf-8"?>
<cairngorm:ServiceLocator
            xmlns:mx="http://www.adobe.com/2006/mxml"
            xmlns:cairngorm="com.adobe.cairngorm.business.*">

    <!-- Le service a appelé ici est un fichier xml -->
    <mx:HTTPService id="argumentairesServices"
                        url="resources/donnees/argumentaires.xml"
                        resultFormat="object"
                        showBusyCursor="true"/>
</cairngorm:ServiceLocator>
```

Le service appelé ici est un fichier XML. En l'occurrence ici, le fichier XML des argumentaires.

Un extrait du fichier XML des argumentaires

```xml
<?xml version="1.0" encoding="iso-8859-1"?>

<argumentaires>

    <argumentaire>
        <titreArticle>
            ANNUAIRE DE L'ALTERNANCE ET DE L'APPRENTISSAGE
        </titreArticle>
        <ean13>9782846248624</ean13>
        <codeInterforum>399087</codeInterforum>
        <isbn>2846248621</isbn>
...

        <titreAncien>
            ANNUAIRE DE L'ALTERNANCE ET DE L'APPRENTISSAGE
        </titreAncien>
        <datePremierePubli>25/04/2008</datePremierePubli>
    </argumentaire>

</argumentaires>
```

Migration Argumentaires en architecture 3-Tiers

Préparé par Cheikh Amala THIAM

Version :	1.0
Type :	Livrable
Statut :	A valider

Migration Argumentaires

en architectures 3-Tiers

Document

Titre	Migration Argumentaires
Sous Titre	
Auteur(s)	Cheikh Amala THIAM
Mots clés	
Propriétaire	Interforum
Type de document	
Date de création	27/06/2008
Version	1.0
Confidentialité	
Liste de distribution	

Historique

Version	Date	Commentaire
1.0	27 juin 2008	Création du document
1.1	18 Août 2008	Modification de la démarche de migration

Approbation

Nom	Date	Paraphe
Ludovic ALBERT		

Migration Argumentaires

en architectures 3-Tiers

SOMMAIRE

1. INTRODUCTION

Ce chapitre est consacré aux éléments nécessaires à la compréhension de ce document et à son mode de gestion.

1.1. A propos du présent document

But

Ce Dossier présente la démarche à suivre pour la migration de l'application Argumentaires utilisant Struts et le Framework d'Interforum en une architecture 3 tiers utilisant Struts et Spring

Contenu

Cette spécification présente les éléments suivants :

- Rappel de l'architecture générale de argumentaire
- Rappel de la nouvelle architecture
- Démarche à suivre

Périmètre du projet concerné

Ce dossier représente la migration du projet argumentaire dans la nouvelle architecture des projets web de Interforum

Responsabilités associées

Les responsabilités associées à ce MAP sont les suivantes :

Activité	Responsable	Commentaire
Rédaction	Cheikh Amala THIAM	
Validation	EDITIS /Interforum	

Destinataires

Les destinataires de ce document sont :

- Equipe Nouvelles Technologies

Procédure d'évolution

Ce Dossier sera actualisé et rediffusé à chaque amélioration de l'architecture des projets.

2. RAPPEL

2.1. Architecture Globale de Argumentaires

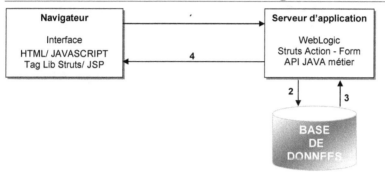

[1] L'utilisateur consulte à l'aide de son navigateur l'application via l'interface constituée de page HTML.

- Les pages HTML présentent les informations.

- Le code Javascript permet un premier contrôle de la saisie.

- Les tags Struts/JSP permettent de récupérer les informations saisies, via requête, sur le serveur d'application.

[2] Le serveur d'application WebLogic réceptionne les requêtes. Elles vont être traitées grâce aux classes Struts Action et Form utilisant l'API métier qui vont interagir avec la base de données.

[3] Cette base contient les tables décrites dans le MCD.
Les informations sont récupérées/transformées.

[4] Le serveur renvoie la réponse et l'utilisateur peut consulter le résultat de sa requête.

Pour plus de détails : *IF-060627-MAP - Modèle d'Architecture Projet - v1.5.doc*

2.2. Nouvelle Architecture

Les nouvelles applications utilisent maintenant le framework « Spring » pour lier les 3 couches de l'architecture via l'injection de dépendance et le framework Struts ainsi que des contrôleurs Spring sur la couche présentation.

http://www.springframework.org

Pour plus de détails : IF-080428-MAP - Modèle d'Architecture Projet - v3.0.doc

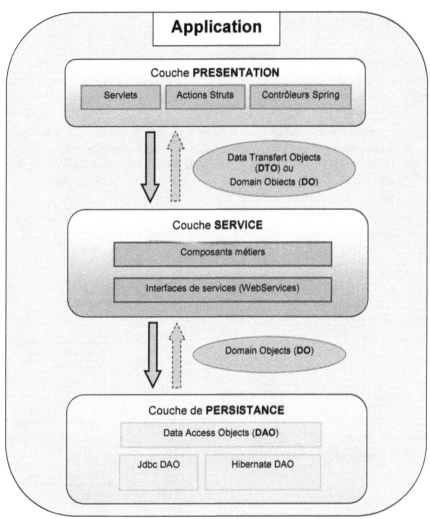

L'application est composée de 3 couches :

- La couche « Présentation »

- La couche « Service »

- La couche « Persistance » ou « DAO »

2.3. Démarche de migration

Dans la version actuelle de l'application Argumentaires, chaque classe de l'API métier correspond à une table de la base de données Argumentaires. Ainsi, dans ces classes, sont écrites la façon de se connecter à la base ainsi que la logique métier pour le traitement des données récupérées de la base après requête.

La démarche de migration que je vais présenter ici vise à séparer ces deux actions dans deux couches différentes : une couche DAO (Data Access Object) qui ne fera que requêter sur la base de données argumentaires et récupérer les données et une couche service qui fera le traitement métier. Tout ceci orchestrer par le framework Spring qui se chargera de la communication entre les couches.

Pour une plus grande compréhension voici un schéma présentant la façon de procéder pour passer de l'ancienne architecture à la nouvelle architecture:

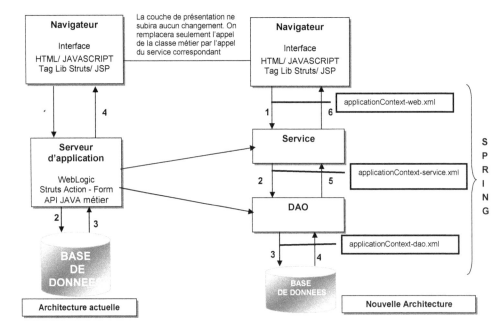

Dans cette section, nous allons d'abord voir comment se fait la création d'un DAO à partir d'une classe métier de l'application argumentaires et le fichier de configuration applicationContext-dao.xml à utiliser, ensuite la création d'un service qui utilise ce DAO et le fichier de configuration application-service.xml à manipuler et enfin comment connecter la couche présentation dans son état actuel au service concerné en utilisant aussi le fichier de configuration Spring applicationContext-web.xml

2.3.1. Couche DAO

Dans l'application argumentaires chaque classe métier est de la forme TableXxx.java quand cette classe correspond à la table T_Xxx dans la base de données argumentaire ou ViewYyy.java où V_Yyy correspond à une vue en base.

Dans ces classes sont écrites les méthodes permettant de requêter sur la base de données argumentaire, de récupérer les résultats ainsi que certains traitements métiers.

Ces classes font également appel au Framework de Interforum, notamment pour la connexion à la base de données argumentaire, pour le formatage de certaines données, ... Le but essentiel de cette migration est de s'affranchir de ce Framework, je montrais comment on s'y détache quand on crée le DAO.

Toutes les interfaces DAO seront mises dans le package *com.it.application.argumentaires.dao* et leurs implémentations dans le package *com.it.application.argumentaires.dao.jdbc*

Exemple de création du DAO pour la classe métier ViewRechercheArgumentaire.java

1 – On copie cette classe dans le package *com.it.application.argumentaires.dao*

2 – Dans Jbuilder 2007, Clique droit sur cette classe -> Restructurer -> Extraire une interface

3 – On sélectionne toutes les méthodes publiques qui figureront dans l'interface et on donne un nom à l'interface. Ainsi pour une classe métier TableXxx.java on nommera l'interface XxxDAO.java et pour une classe ViewYyy.java la même chose, YyyDAO.java

Dans notre exemple ici, la classe métier ViewRechercheArgumentaire.java aura pour interface RechercheArgumentaireDAO.java.

Les paramètres des méthodes et certaines valeurs de retours des classes métiers sont formatés par le Framework Interforum. Ainsi on a en général :

public **TypeRetour** methode(**Type** p, **GlobalConnection** connexion) .

TypeRetour: Data, Key -> Interfaces vide issues du Framework Interforum

Type: Data, Key, Criteria -> Interfaces vide issues du Framework Interforum

GlobalConnection: Connexion à la base de données par le Framework Interforum

En extrayant l'interface comme ci-dessus, nous obtenons ce type de méthode précédente dans l'interface.

Dans un premier temps, on supprime le paramètre connexion. Ensuite pour le type final du paramètre p et le type de retour de la méthode, les types seront recherchés dans la classe métier d'où est extraite cette méthode. Bien évidemment il existe des méthodes sans paramètres et/ou sans type de retour. Dans ce cas, aucun changement sur la signature de la méthode n'est effectué.

Dans la classe ViewRechercheArgumentaire nous avons la méthode initiale *Vector search(Criteria criteria, GlobalConnection connexion)* qui est transformé dans l'interface DAO par *List search(CritereArgu critere)*

Une fois toutes les interfaces du DAO définies, nous allons passer à son implémentation.

Les implémentaions sont mises dans le packages **com.it.application.argumentaires.dao.jdbc** et auront comme nom JdbcXxxDAO.java. Dans notre exemple, nous avons comme implémentation de l'interface RechercheArgumentaireDAO.java, la classe JdbcRechercheArgumentaireDAO.java

Comme indiqué dans le document du nouveau modèle d'architecture projet *IF-070719-MAP – Modèle d'Architecture Projet – v2.0.doc*, cette implémentation étend la classe `NamedParameterJdbcDaoSupport` du framework Spring qui permet de binder les paramètres de la requête sql directement avec les propriétés du bean utilisé.

De plus, l'utilisation de RowMapper permet de mapper chaque enregistrement retourné par la requête à un objet métier.

Une fois cette migration effectuée, nous devons déclarer ce DAO dans le fichier *applicationContext-dao.xml* afin que la connexion à la dataSource soit établie et que les requêtes depuis les classes d'implémentations « arrivent en base»

Pour déclarer une DAO dans le fichier de *applicationContext-dao.xml*, nous écrivons tout simplement

```
<bean id= "nomDAO"
class= "com.it.application.argumentaires.dao.jdbc.JdbcXxxDAO" />
```

Pour plus de détails voir le sous-chapitre 3.1 de ce document

2.3.2. Couche Service

Chaque interface de la couche DAO a son interface correspondante dans la couche service.

Ainsi nous aurons autant d'interfaces dans la couche service que d'interfaces DAO.

Cependant pour qu'un service puisse accéder à un DAO, on configurera le fichier de configuration de Spring *applicationContext-service.xml*. De plus un service peut également faire appel à un autre service. Nous procéderons de la même façon.

Toutes les interfaces services sont mises dans le package **com.it.application.argumentaires.service** et leurs implémentations dans **com.it.application.argumentaires.service.impl**.

Pour qu'un service puisse accéder au DAO, on déclare une variable privée dans l'implémentation du service qui aura comme type l'interface DAO. Puis on crée une méthode set de cette variable dans l'implémentation afin que le fichier de configuration de Spring puisse procéder à l'injection de dépendance.

Enfin on écrit cette injection de dépendance dans le fichier de configuration *applicationContext-service.xml*

Dans notre exemple l'interface service se nomme *RechercheArgumentaireService.java* et son implémentation *RechercheArgumentaireServiceImpl.java*

Pour voir les étapes à suivre pour créer un service, voir le sous-chapitre 3.2

2.3.3. Couche présentation

Nous utiliserons la dernière version de Struts disponible dans le projet it-jars. Les pages Jsp ne subiront aucune transformation.

Cependant pour adopter la nouvelle architecture, struts-config.xml sera configuré comme indiqué dans le document *IF-070719-MAP – Modèle d'Architecture Projet – v2.0.doc* de la nouvelle architecture à savoir déléguer le traitement des actions au framework Spring.

Ainsi pour que les actions struts puissent être déclenchées par Spring nous rajoutons dans le fichier strus-config.xml le code suivant :

```
<!-- RequestProcessor permettant l'injection de dépendances par spring (IoC)
dans les actions struts et permettant l'utilisation de tiles -->
<controller>
    <set-property property="processorClass"
      value="org.springframework.web.struts.DelegatingTilesRequestProcessor"/>
</controller>
```

De plus, l'attribut type dans les éléments action du fichier struts-config.xml seront supprimés et seront remplacés par l'élement suivant

```
<bean name="/nomAction"
class="com.it.application.argumentaires.cinematique...ClasseAction"/>
```

`nomAction`: Nom de l'action depuis la page jsp ou une autre action sans l'extension .do

`ClasseAction`: Classe à exécuter quand l'action est déclenchée.

Cet élément se trouve dans le fichier de configuration de Spring applicationContext-web.xml

Par ailleurs, pour qu'une classe action puisse appeler le service dont il a besoin, il déclare une propriété privée dans la classe action ayant comme type l'interface du service. Il faudra aussi créer une méthode set de cette propriété pour que le fichier applicationContext-web.xml puisse injecter l'implémentation du service concerné à la propriété.

Pour voir le détail des étapes à suivre pour connecter une couche présentation déjà existante dans l'ancienne architecture avec le service concerné voir le chapitre 3.3 de ce document.

**Remarque importante :** Tous les nouveaux packages définis ci-dessus sont créés dans l'ancienne architecture. Le fichier Ant a était modifié pour prendre en compte Spring. Ainsi à chaque migration réalisée, on peut construire un war et tester l'application.

La migration d'une classe métier est dite réalisée si la classe action fait appel au service qui correspond à la classe métier de l'application argumentaires. Autrement dit, si dans une classe action on remplace l'appel TableXxx.methode(param1,..., GlobalConnection) par XxxService.methode(param1,...) et que le résultat de l'appel reste identique alors la migration de la classe métier est réussie.

De plus, à un instant donné, on aura les deux architectures qui coexisteront notamment à cause des classes métier qui ne seront pas encore migrées. Mais ceci sera totalement transparent pour tester et utiliser application sur WebLogic.

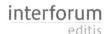

3. DETAILS DE MIGRATION DE LA CLASSE METIER *ViewRechercheArgumentaire.java*

3.1. Couche DAO

Existant :

Dans l'application it-argumentaires, nous disposons de la classe ViewRechercheArgumentaire qui effectue toute la logique métier pour la recherche d'argumentaire et se connecte à la base via le Framework de Interforum.

Cette classe métier étends la classe Table et implémente l'interface ISearch du Framework Interforum

```
public class ViewRechercheArgumentaire
        extends Table
        implements com.it.framework2.metier.database.tables.ISearch
```

La classe ViewRechercheArgumentaire fait appel aux composants métiers du Framework Interforum, pour les interactions avec la base et pour l'utilisation du modèle.

Ainsi on peut cité entre autres :

```
import com.it.framework2.metier.database.GlobalConnection;
import com.it.framework2.metier.database.GlobalPreparedStmt;
import com.it.framework2.model.Criteria;
```

En disposant de ces informations nous pouvons proposer la solution suivante pour migrer cette fonctionnalité dans la nouvelle architecture.

Proposition migration nouvelle architecture:

  - **Interface**
```
public interface RechercheArgumentaireDAO
{
        public Vector search(CritereArgu critere);
}
```

  - **Implémentation**

CREE LE : 27/06/2008	MODIFIE LE : 10/09/08 16:09	FICHIER : IF-080627-MIG - Migration Argumentaires.doc	PAGE 13
	IMPRIME LE : 11/09/08 15:09	AUTEUR : Cheikh Amala THIAM	

```
public class JdbcRechercheArgumentaireDAO extends
NamedParameterJdbcDaoSupport implements RechercheArgumentaireDAO
{
        public List search(CritereArgu critere)
        {
                final String sql = "select ARG_COD_CODE,
                ARG_DAT_MEV, ARG_LIB_TITRE_EDITEUR,
                ART_BOL_INTEGRE,
                ARG_BOL_COMPLET,
                V_RECHERCHE_ARGUMENTAIRE.ART_COD_EAN13,
                ARG_COD_EDITEUR, ART_COD_ISBN, NPROD,
                AUT_LIB_AUTEUR,ARG_BOL_VISIBLE_INTERFORUM,
                COL_COD_CODE,
                COL_LIB_LIBELLE, MAR_COD_CODE, MAR_LIBLONG25,
                CLIL_LIB,
                EDI_COD_CODE, NB_DOCS, NB_IMAGES from
                V_RECHERCHE_ARGUMENTAIRE
                where ARG_BOL_VISIBLE_INTERFORUM =
                critere.getVisibleInterforum() and EDI_COD_CODE in
                critere.getEditeursList()"


                final SqlParameterSource namedParameters = new
                BeanPropertySqlParameterSource(critere);

                return
                this.getNamedParameterJdbcTemplate().query(sql,
                namedParameters, new ArgumentaireMapper());

                private static final class ArgumentaireMapper
                implements RowMapper
                {
                        public Object mapRow(ResultSet rs, int rowNum)
                            throws SQLException
                        {
                            //Les Beans Argumentaire et Auteur
                            seront alors peuplés par le rs

                            Argumentaire argumentaire = new
                            Argumentaire() ;
                            …


                            Auteur auteur = new Auteur() ;

                            argumentaire.setTitreArticle(rs.getStrin
                            g('ChampCorrespondantEnBase') ;
                            …
                            auteur.setLibelle(rs.getString('ChampCor
                            respondantEnBaseSurLaTableAuteur'))
```

```
                                    argumentaire.setAuteur(auteur) ;
                                    ...
                                    return argumentaire ;
                            }
                        }
                    }
                }
```

Comme indiqué dans le nouveau modèle d'architecture projet, l'extension de la classe
`NamedParameterJdbcDaoSupport` du framework Spring permet de binder les paramètres de
la requête sql directement avec les propriétés du bean utilisé.

De plus, l'utilisation de RowMapper permet de mapper chaque enregistrement retourné par la
requête à un objet métier.

Nous utiliserons le fichier **applicationContext-dao.xml** pour effectuer le mapping entre
l'implémentation du dao et la dataSource. Ce qui donne :

```
<!-- Permet de charger par JNDI la datasource définie dans le fichier
    de properties par la clé "IT-ARGUMENTAIRES.DS_ARGUMENTAIRES" -->
<!-- La datasource sera chargée au démarrage du serveur d'application
    et sera mise en cache -->
<jee:jndi-lookup
    id="dataSource"
    jndi-name="${IT-ARGUMENTAIRES.DS_ARGUMENTAIRES }"
    cache="true"
    lookup-on-startup="true" />

<bean id="argumentaireDAO"
    class="com.it.application.argumentaires.dao.jdbc.
        JdbcRechercheArgumentaireDAO ">
    <property name="dataSource" ref="dataSource"/>
</bean>
```

3.2. Couche Service

Existant: La logique métier se trouve dans les classes métiers ayant servies à la construction des DAO. Il faut identifier cette logique métier et le reproduire dans l'implémentation des interfaces services concernées.

Proposition migration nouvelle architecture

```
-  Interface
public interface RechercheArgumentaireService
{
      public Vector search(CritereArgu critere);
}


-  Implementation
public class RechercheArgumentaireServiceImpl implements
            RechercheArgumentaireService
{
      private RechercheArgumentaireDAO arguDAO;

      public Vector search(CritereArgu critere)
      {
            return arguDAO.search(critere);
      }

      private setArguDAO(RechercheArgumentaireDAO arguDAO)
      {
            this.arguDAO = arguD.
      }
}
```

> Méthode indispensable pour que l'injection de dépendance se fasse au niveau du fichier applicationContext-service.xml

Mapping Spring dans le fichier **applicationContext-service.xml**

```
<bean id="argumentaireService"
      class="com.it.application.argumentaires.service.impl.
            RechercheArgumentaireServiceImpl ">
      <property name="arguDAO" ref=" argumentaireDAO"/>
</bean>
```

CREE LE : 27/06/2008	MODIFIE LE : **10/09/08 16:09**	FICHIER : IF-080627-MIG - Migration Argumentaires.doc	PAGE 16
	IMPRIME LE : **11/09/08 15:09**	AUTEUR : Cheikh Amala THIAM	

3.3. Couche Présentation

Cette couche utilisera le framework Struts. Ainsi, selon la démarche adoptée dans le nouveau modèle d'architecture projet, l'attribut « type » n'est pas nécessaire dans les éléments action du fichier struts-config.xml puisque c'est Spring qui va se charger d'instancier l'action.

Action dans le fichier struts-config.xml

Existant :

```
<action input="/FR/argu/consult/arguSearch.jsp" name="arguSearchForm"
        parameter="method" path="/consultArguSearch" scope="session"
        type="com.it.application.argumentaires.cinematique.argu.consult.
            ArguSearchAction"
        validate="true">
    <forward name="success" path="/FR/argu/consult/arguSearch.jsp" />
</action>
```

Nouveau :

```
<action input="/FR/argu/consult/arguSearch.jsp" name="arguSearchForm"
        parameter="method" path="/consultArguSearch" scope="session"
        validate="true">
    <forward name="success" path="/FR/argu/consult/arguSearch.jsp" />
</action>
```

On supprime l'attribut type dans la nouvelle version.

Le bean arguSearchForm aura la structure suivante:

```
<form-bean name="arguSearchForm"
        type="org.apache.struts.validator.DynaValidatorForm">
    <form-property name="ean13" type="java.lang.String" />
    <form-property name="codeInterforum" type="java.lang.String" />
    <form-property name="titreEditeur" type="java.lang.String" />
    <form-property name="isbn" type="java.lang.String" />
    <form-property name="marqueEditorialeList" type="java.lang.String[]" />
    <form-property name="codeInterneEditeur" type="java.lang.String" />
    <form-property name="dateDebutMev" type="java.lang.String" />
    <form-property name="dateFinMev" type="java.lang.String" />
    <form-property name="integre" type="java.lang.String" />
    <form-property name="complet" type="java.lang.String" />
    <form-property name="auteurs" type="java.lang.String" />
    <form-property name="marqueList" type="java.util.Vector" />
    <form-property name="statutList" type="java.util.Vector" />
    <form-property name="etatList" type="java.util.Vector" />
    <form-property name="bs" type="java.lang.String[]" />
```

```
<form-property name="bsBool" type="java.lang.Boolean[]" />
<form-property name="shownonvisible" type="java.lang.String" />
</form-bean>
```

Propriété indispensable pour injecter l'implémentation du service `ArgumentaireService` par le fichier de configuration applicationContext-web.xml

L'action struts pour la recherche

```
public class ArguSearchAction
{
      private ArgumentaireService argumentaireService;

      private static int nbMaxRows = 1500;
      private final int SHOW_ARGU_ALL = 0;
      private final int SHOW_ARGU_VISIBLE_IF = 1;
      private final int SHOW_ARGU_NON_VISIBLE_IF = 2;


      public ActionForward execute(ActionMapping actionMapping,
                                   ActionForm actionForm,
                                   HttpServletRequest request,
                                   HttpServletResponse response) throws
                                                      NestedException
      {
          // --- Initialisations menu
           initMenu(request, false, MenuName.ARGU, params);
          // -/- Initialisations menu

          initPanier(request,params);

          String target = new String("success");

          Vector results = null;

          /**
           * Recherche des argumentaires
           * si user IF : deux listes
           */
    if ( ( (Boolean)
request.getSession().getAttribute(Constantes.SESSION_IS_INTERFORUM)).boolea
nValue()) {
     // Les argus non visibles...
     Vector resultsNonVisiblesIF = search(actionMapping, actionForm,
request, response, params, SHOW_ARGU_NON_VISIBLE_IF);

request.getSession().setAttribute(Constantes.SESSION_ARGU_SEARCH_RESULT_LIS
T_NON_VISIBLE_IF, resultsNonVisiblesIF);
     if(resultsNonVisiblesIF!=null)
       Trace.debug(LoggerName.ARGUSQL, "nb de resultats pour la recherche
argu non visible " + resultsNonVisiblesIF.size());
     else
       Trace.debug(LoggerName.ARGUSQL, "PAS DE de resultats pour la
recherche argu non visible " );
     // ... et les argus visibles
     results = search(actionMapping, actionForm, request, response,
params, SHOW_ARGU_VISIBLE_IF);
     if(results!=null)
```

```
        Trace.debug(LoggerName.ARGUSQL, "nb de resultats pour la recherche
argu  visible " + results.size());
      else
        Trace.debug(LoggerName.ARGUSQL, "PAS DE de resultats pour la
recherche argu  visible " );
      }
    else{
      // tous les argus
      results = search(actionMapping, actionForm, request, response,
params, SHOW_ARGU_ALL);
    }

    if (results != null && results.size() > nbMaxRows) {
      ActionMessages messages = new ActionMessages();
      messages.add(ActionMessages.GLOBAL_MESSAGE, new
ActionMessage("argu.search.max.rows.exceeded"));
      saveErrors(request, messages);

      results.removeElementAt(nbMaxRows);
    }


request.getSession().setAttribute(Constantes.SESSION_ARGU_SEARCH_RESULT_LIS
T, results);

    // on supprime l'info de la session
    DynaValidatorForm myForm = (DynaValidatorForm) actionForm;
    myForm.set("shownonvisible",null);

    return actionMapping.findForward(target);
  }

}




/**
   * search
   *
   * @param actionMapping ActionMapping
   * @param actionForm ActionForm
   * @param request HttpServletRequest
   * @param response HttpServletResponse
   * @param params ArgumentairesActionParams
   * @param visibleIF Boolean
   * @return Vector
   */
  public Vector search(ActionMapping actionMapping, ActionForm actionForm,
                    HttpServletRequest request, HttpServletResponse
response,
                    ArgumentairesActionParams params, int showArguParam)
{
    DynaValidatorForm myForm = (DynaValidatorForm) actionForm;

    CritereArgu critere = new CritereArgu();
```

```
    critere.setEan13(myForm.getString("ean13"));
    String codeIf = myForm.getString("codeInterforum");
    String uniquementNonVisibleIF = myForm.getString("shownonvisible");

    if (codeIf != null && codeIf.length() > 0) {
      codeIf = StringTools.lpad(codeIf, 9, '0');  ← StringTools à récupérer
                                                     et mettre dans le
                                                     package com.it.util.StringTools
    }
    critere.setCodeInterforum(codeIf);
    critere.setTitreEditeur(myForm.getString("titreEditeur"));
    String isbn = myForm.getString("isbn");
    if(isbn!=null){
      if (isbn.length() == 10){
        critere.setIsbn(myForm.getString("isbn"));
      }
      if (isbn.length() == 13){
        critere.setIsbn13(myForm.getString("isbn"));
      }
    }

critere.setMarqueEditorialeList(myForm.getStrings("marqueEditorialeList"));
    critere.setCodeInterneEditeur(myForm.getString("codeInterneEditeur"));
    critere.setDateDebutMev(myForm.getDateDdmmyyyy("dateDebutMev"));
    critere.setDateFinMev(myForm.getDateDdmmyyyy("dateFinMev"));
    critere.setIntegre(myForm.getBoolean("integre"));
    critere.setComplet(myForm.getBoolean("complet"));
    critere.setAuteurs(myForm.getString("auteurs"));
    critere.setEditeursList( (Vector)
request.getSession().getAttribute(Constantes.LISTE_CODES_EDITEURS));
    switch (showArguParam) {
      case SHOW_ARGU_VISIBLE_IF :
        critere.setVisibleInterforum(new Boolean(true));
        break;
      case SHOW_ARGU_NON_VISIBLE_IF :
        critere.setVisibleInterforum(new Boolean(false));
        break;
      default:
    }
    if ("1".equals(uniquementNonVisibleIF))
      critere.setVisibleInterforum(new Boolean(

    critere.setMaxRows(nbMaxRows + 1

    return argumentaireService.search(critere) ;

    public void setArgumentaireService(ArgumentaireService
                                        argumentaireService)
    {
        this.argumentaireService = argumentaireSe
    }
}
```

> Appel de la méthode search de l'interface de service. C'est cette méthode qui remplace la classe métier ViewRechercheArgumentaire

> Méthode indispensable pour que le fichier applicationContext-web.xml puisse faire l'injection de dépendance

Mapping Spring permettant de faire l'injection de dépendance entre la couche présentation et la couche service via le fichier de configuration **applicationContext-web.xml**

C'est également dans cet élément que la classe action à déclencher est écrite dans l'attribut classe.

```
<bean id="/consultArguSearch "
      class="com.it.application.argumentaires.service.impl.
             ArguSearchAction">
  <property name="argumentaireService" ref="argumentaireService"/>
</bean>
```

Maintenant reste le paramétrage du web.xml et de struts-config.xml pour que l'injection de dépendance par Spring fonctionne correctement.

→ web.xml

```
<?xml version="1.0" encoding="UTF-8"?>
<!DOCTYPE web-app PUBLIC "-//Sun Microsystems, Inc.//DTD Web Application
2.3//EN" "http://java.sun.com/dtd/web-app_2_3.dtd">
<web-app>
      <display-name>Argumentaires Nouvelle Version</display-name>


      <!-- Les fichiers de configuration de spring à charger   -->
      <context-param>
            <param-name>contextConfigLocation</param-name>
            <param-value>
                  WEB-INF/spring/applicationContext.xml
                  WEB-INF/spring/applicationContext-web.xml
                  WEB-INF/spring/applicationContext-service.xml
                  WEB-INF/spring/applicationContext-validation.xml
                  WEB-INF/spring/applicationContext-dao.xml
                  classpath*:applicationContext-it-forum.xml
            </param-value>
      </context-param>

      <!-- Chargement des messages internationalisés pour les utiliser avec
            la JSTL -->
      <context-param>
            <param-name>
                  javax.servlet.jsp.jstl.fmt.localizationContext
            </param-name>
            <param-value>messages</param-value>
      </context-param>

      <!--taglib>


      <!-- ***************** HABILITATIONS **************** -->

      <!-- ************************************************** -->
```

```xml
<!-- Le chargeur du contexte spring de l'application -->
<!-- Permet de charger le contexte spring en utilisant le paramètre
     de configuration -->
<!-- définit plus haut : "contextConfigLocation" -->
<listener>
    <listener-class>
            org.springframework.web.context.ContextLoaderListener
    </listener-class>
</listener>


<!-- La servlet principale struts -->
<!-- Toutes les url *.do passeront par cette action -->
<servlet>
    <servlet-name>action</servlet-name>
    <servlet-class>
            org.apache.struts.action.ActionServlet
    </servlet-class>
    <init-param>
        <param-name>config</param-name>
        <param-value>/WEB-INF/struts-config.xml</param-value>
    </init-param>
    <init-param>
        <param-name>chainConfig</param-name>
        <param-value>
               org/apache/struts/tiles/chain-config.xml
        </param-value>
    </init-param>
    <load-on-startup>1</load-on-startup>
</servlet>



<welcome-file-list>
    <welcome-file>consultArguSearchInit.do</welcome-file>
</welcome-file-list>



    <!-- Prise en charge de l'authentification par WebLogic -->
</web-app>
```

➔ **struts-config.xml**

```xml
<?xml version="1.0" encoding="ISO-8859-1" ?>
<!DOCTYPE struts-config PUBLIC
    "-//Apache Software Foundation//DTD Struts Configuration 1.3//EN"
    "http://struts.apache.org/dtds/struts-config_1_3.dtd">

<struts-config>
  <form-beans>
    <form-bean name="arguSearchForm"
            type="org.apache.struts.validator.DynaValidatorForm">
      <form-property name="ean13" type="java.lang.String" />
```

```xml
        <form-property name="codeInterforum" type="java.lang.String" />
        <form-property name="titreEditeur" type="java.lang.String" />
        <form-property name="isbn" type="java.lang.String" />
        <form-property name="marqueEditorialeList" type="java.lang.String[]"/>
        <form-property name="codeInterneEditeur" type="java.lang.String" />
        <form-property name="dateDebutMev" type="java.lang.String" />
        <form-property name="dateFinMev" type="java.lang.String" />
        <form-property name="integre" type="java.lang.String" />
        <form-property name="complet" type="java.lang.String" />
        <form-property name="auteurs" type="java.lang.String" />
        <form-property name="marqueList" type="java.util.Vector" />
        <form-property name="statutList" type="java.util.Vector" />
        <form-property name="etatList" type="java.util.Vector" />
        <form-property name="bs" type="java.lang.String[]" />
        <form-property name="bsBool" type="java.lang.Boolean[]" />
        <form-property name="shownonvisible" type="java.lang.String" />
    </form-bean>
  </form-beans>

  <action-mappings>
        <action input="/FR/argu/consult/arguSearch.jsp"
                name="arguSearchForm"
                parameter="method"
                path="/consultArguSearch"
                scope="session"
                validate="true">
            <forward name="success"
                    path="/FR/argu/consult/arguSearch.jsp" />
        </action>
  </action-mappings>


<!-- Déclaration du request processor de spring pour permettre l'injection
de dépendances dans les actions struts -->
    <!-- Ce request processor gère également tiles -->
<controller>
        <set-property property="processorClass"
  value="org.springframework.web.struts.DelegatingTilesRequestProcessor" />
</controller>


        <message-resources parameter="messages" />

        <plug-in className="org.apache.struts.validator.ValidatorPlugIn">
          <set-property property="pathnames"
            value="/WEB-INF/validator-rules.xml,/WEB-INF/validation.xml" />
            <set-property property="stopOnFirstError" value="true" />
        </plug-in>
        <plug-in className="org.apache.struts.tiles.TilesPlugin">
            <set-property property="definitions-config"
                    value="/WEB-INF/tiles-defs.xml" />
        </plug-in>

</struts-config>
```

CREE LE : 27/06/2008	MODIFIE LE : 10/09/08 16:09	FICHIER : IF-080627-MIG - Migration Argumentaires.doc	PAGE 23
	IMPRIME LE : 11/09/08 15:09	AUTEUR : Cheikh Amala THIAM	

Une maison d'édition scientifique

vous propose

la publication gratuite

de vos articles, de vos travaux de fin d'études, de vos mémoires de master, de vos thèses ainsi que de vos monographies scientifiques.

Vous êtes l'auteur d'une thèse exigeante sur le plan du contenu comme de la forme et vous êtes intéressé par l'édition rémunérée de vos travaux? Alors envoyez-nous un email avec quelques informations sur vous et vos recherches à: info@editions-ue.com.

Notre service d'édition vous contactera dans les plus brefs délais.

Éditions universitaires européennes
est une marque déposée de
Südwestdeutscher Verlag für
Hochschulschriften GmbH & Co. KG
Dudweiler Landstraße 99
66123 Sarrebruck
Allemagne

Téléphone : +49 (0) 681 37 20 271-1
Fax : +49 (0) 681 37 20 271-0
Email : info[at]editions-ue.com
www.editions-ue.com

www.ingramcontent.com/pod-product-compliance
Lightning Source LLC
LaVergne TN
LVHW042344060326
832902LV00006B/380